不抱怨的世界

[美] 威尔·鲍温◎著 陈敬旻◎译

A Complaint Free World

陕西师范大学出版社

图书在版编目（CIP）数据

不抱怨的世界/（美）鲍温（Bowen.W.）著；陈敬旻译.
西安：陕西师范大学出版社，2009.3
书名原文：A Complaint Free World
ISBN 978-7-5613-4594-8

Ⅰ.不… Ⅱ.①鲍…②陈… Ⅲ.励志·成功心理学 Ⅳ.B821-49
中国版本图书馆CIP数据核字（2009）第029718号

著作权合同登记号：陕版出图字25-2009-28号
图书代号：SK9N0104
上架建议：励志·成功心理学

A Complaint Free World: How to Stop Complaining and Start
Enjoying the Life You Always Wanted
This translation published by arrangement with Doubleday part of
The Doubleday Publishing Group,a division of Random House,Inc.

不抱怨的世界

作者：（美）威尔·鲍温　　译者：陈敬旻
责任编辑：周 宏　特约编辑：困于1984 辛艳
封面设计：张丽娜　版式设计：利 锐
出版发行：陕西师范大学出版社
印刷：北京盛兰兄弟印刷装订有限公司
开本：880*1230 1/32　印张：7
版次：2009年4月第1版　印次：2009年12月第10次印刷
ISBN 978-7-5613-4594-8
定价：24.80元

"这本书，会改变你的命运！"

美国亚马逊、台湾金石堂、诚品书店
2008年度心灵励志新书销量第1名！

《纽约时报》、《时代周刊》、
《卫报》、《芝加哥太阳报》、《洛杉矶
时报》、《泰晤士报》、《世界报》、
《ELLE》、NBC电视台、香港《文汇
报》、台湾华视新闻……

全球超过100家重量级媒体专题报导

名家书评赞誉

◆把坏事当好事办,人生就只有快乐、没有抱怨。

——万通地产董事长 冯仑

◆遇到挫折要从容面对,不抱怨、不放弃……只要继续努力,就一定会成功。

——中国第一职业经理人 唐骏

◆永不抱怨的人生态度才是第一位的。

——阿里巴巴集团主席兼首席执行官 马云

◆每个人都面临着挫折和失败的可能,这是我们每个人人生经历的一部分。

——联想董事局主席 柳传志

◆人生是不公平的,习惯去接受它吧。请记住,永远都不要抱怨!

——世界首富 比尔·盖茨

◆这是非常值得推荐的一本书，它会改变你的命运！

——世界最具影响力的女人之一 奥普拉

◆抱怨是最消耗能量的无益举动。有时候，我们不仅会针对人、也会针对不同的生活情境表示不满；如果找不到人倾听我们的抱怨，我们还会在脑海里抱怨给自己听。本书作者提出的神奇"不抱怨"运动，来得恰是时候，它正是我们现代人最需要的。我们可以这样看：天下只有三种事：我的事，他的事，老天的事。抱怨自己的人，应该试着学习接纳自己；抱怨他人的人，应该试着把抱怨转成请求；抱怨老天的人，请试着用祈祷的方式来诉求你的愿望。这样一来，你的生活会有想象不到的大转变，你的人生也会更加地美好、圆满。

——《遇见未知的自己》作者 张德芬

◆《不抱怨的世界》是一本有魅力、有乐趣、又好读的书，书中提醒我们：世界上唯一能做到的建设性永久改变，就是自我的改变。

——畅销心灵作家 盖瑞·祖卡夫

◆戴尔·卡内基先生的30条沟通人际关系原则中，第一条就是：不批评、不责备、不抱怨。抱怨会让我们陷入一种负面的生活、工作态度中，常常在他人身上找缺点，包括最亲密的人。不抱怨的人一定是最快乐的人，没有抱怨的世界一定最令人向往。

——卡内基训练负责人 黑幼龙

◆运用智慧就能不抱怨，一个人的成功，意志力和决心的力量是不容忽视的，它是成败的重要关键。

——远雄企业集团董事长　赵腾雄

◆《不抱怨的世界》让你相信，你真的能改变自己的人生，并疗愈灵魂中的失调状态，因为你自己就是一种祝福。

——美国《洛杉矶时报》

◆这是一本伟大的心灵励志书！"不抱怨"活动创造的影响力，已经波及到全世界。

——美国《纽约时报》

◆如果你的书架上只能留一本书，那么它将会是《不抱怨的世界》！

——美国《芝加哥太阳报》

◆你有权利得到你应得的，但不是靠抱怨来获取，接受21天的神奇挑战，跟威尔·鲍温牧师一起体验"不抱怨"的神奇力量！

——美国NBC电视台

◆"抱怨"真的就是口臭，它会传染，而习惯抱怨的人，就是在向自己的鞋子里倒水。这项影响深远的"不抱怨"运动，改变了600多万人的命运，还将有越来越多的人参与其中。你能读到这本书，并不是偶然，它将带给你人生正向的力量，让你升级为这世界一个疗愈的细胞。

——美国《时代》周刊

◆威尔·鲍温牧师是一个可以与甘地相媲美的心灵导师，他"活出了让其他人效法的样子"，在短短的两年时间，全球80个国家、超过600万人热烈响应，靠着手环和正念的力量，形塑了自己的美好生活。

——英国《卫报》

◆它可以光耀你的生命，与《The Secret秘密》比肩的心灵之书！

——英国《泰晤士报》

◆一本"行动"之书，让你不堪的人生获得指引，带来无惧的信心和力量。

——法国《世界报》

◆这本书写得既睿智又直指人心，抱怨就是推开自己想要的东西，如果让这个世界听见了，就会带来更多的坏事给你。

——法国《ELLE》

◆如果不喜欢一件事，就改变那件事；如果无法改变，就改变自己的态度，不要抱怨。这本书给金融危机中挣扎的普罗大众，送上了一份最好的礼物。

——香港《文汇报》

◆对生活不抱怨，用积极的态度去面对，自然也会成为快乐的人。两年多来，不抱怨活动已经蔚为风潮，在全球80国流行，

600多万人参与。你若想改变生活走出低潮，停止抱怨，是重新出发的第一步。

——台湾华视新闻报导

◆不抱怨的人一定是最快乐的人，没有抱怨的世界一定最令人向往。

——台湾诚品书店

◆ "不抱怨"运动随着这本书来到了台湾，当你看到有人佩戴紫色手环时，就会知道他正在激励自己连续21天都不抱怨、不批评、不讲闲话。想要一起创造好运吸引力，摆脱抱怨恶势力吗？欢迎加入"不抱怨"运动，一起迎接更美好的生活形态——一个"不抱怨的世界"！

——台湾金石堂书店

"不抱怨"的礼物

台湾 胡志强

当出版社邀我为这本书写序时，我的想法是：比我更适合的人选太多了，我的太太就是其中之一。在重大车祸之后，她受尽千辛万苦，不停地开刀与复健，饱受身体和精神的挑战，她是很有资格"抱怨"的人：怨天、怨地、怨命运、怨撞击她的驾驶者……

但是，她没有！

她选择忘记那段不堪回首的时刻，放下，不抱怨。她将所有的精神心力，拿来感谢为她抢救、医疗、祈福祷告的"天使们"。她谢天谢地、谢诸佛诸神，感恩自己可以浴火重生。

"只要有一口气在，没有什么好怕的。我要往前看！"她微笑着说。

我看着她像孩子般的纯真眼神与甜美笑容，内心深深撼动。

不怨天尤人，多么不容易。但也因为她如此善良坚强，老天赐给她一条光明的路。如果说，这次事件是个分水岭，她越来越清楚，期许自己在新的阶段，奉献更多心力在公益活动上。因为她得之于社会，也想回馈于社会。

诚如书中所言："不抱怨的磁场，将引来更多平安喜乐。"

现在太太无论走到哪儿，来自各方的无限祝福如影随形，她的个性比以前更开朗豁达。

然而，为什么人要抱怨？难道大家不知道，"怨天尤人"是一种负面的思考与具杀伤力的表达方式？我想原因也许是：人们看到了生命中缺憾与不完美的一面。而事实是：如果你想探看生命中美好的一面，你一定也看得到。关键在于：你把眼光放在哪里？

"推行'不抱怨运动'的目标是什么？"美国"奥普拉秀"的副制作人问本书作者——名牧师威尔·鲍温。他说："转化我们这个世界的意识。"

"转化"一词形容得很贴切，表示"不抱怨"与"抱怨"的思绪是活的、可以移动与变化的。

作者除了在书中详细介绍这个极富创意的活动，也藉着许多故事与建议、提醒，循序渐进地分析、探索我们内心深处真正的声音与渴望；很重要的是，促使读者把抱怨转化成行动的力量，而否极泰来。

看到书的后半部，有一段话让我印象非常深刻：爱的定义是什么？丹尼斯·卫特雷医师说："爱是无条件的接纳，并着眼于光明面！"作者说："当我们决定接纳各种人事物，并从中发现其光明面时，我们会体验到越来越多的良善与美好。因为我们的关注，将使这样的期许在生活中实现。"此一说法与中国人"心想事成"的解释，多么类似，也能互相印证。

　　这些时日，我从太太身上，看见"不抱怨"的正面影响与神奇力量，如同来自天上的"礼物"。如果她都能做到，我们为什么不能？！

改变你的言语，改变你的思维；

停止抱怨，在好事发生时表达感激，

你就能改变自己的人生，也让所有人的未来更美好。

CONTENTS 【目录】

紫手环的力量

> 如果不喜欢一件事，就改变那件事；如果无法改变，就改变自己的态度。不要抱怨。
>
> ——诗人马雅·安洁罗

终结抱怨，改变人生！

在你的手中，握有翻转人生的秘密。听起来像在吹牛说大话是吧？但我的确见过许许多多人的生命，都因此得到了翻转。我看过他们寄来的电子邮件和书信，也接过他们的电话。大家都在运用这个简单的概念——将紫色的橡胶手环戴在一只手上，再换到另一只手上，如此交替更换，直到达成连续二十一天不抱怨、不批评、不讲闲话的目标为止。他们已经因而养成了一种新的习惯。藉由开始意识到自己说了什么，进而改变话语的内容；他们改变了思维，开始用心、认真地打造自己的生活。有些和你一样的人，都跟我分享过切身的经验——他们长年的痛苦得以纾解，人际关系终获疗愈，职业生涯也因而改善，而且整个人都变得更快乐了。

校园的枪声……

我在内布拉斯加州的奥马哈西北高中读二年级。昨天我们学校传出一声枪响，我和几个同学都想试试你的二十一天不抱怨运动。我在想我可不可以拿五个手环？

——不具名的高中生

我认识一个长年有头痛毛病的人，他每晚下班回家，都会跟太太说自己这一整天头有多痛。后来他明白这样其实无法消除、或是减缓头痛，便决定不讲了，让自己渐渐免除抱怨。

这个人是汤姆·欧益。他再也没有头痛的问题了，而且现在是我们"不抱怨的世界"这项计划的资深协调志愿者，我们的组织里还有其他几十位志愿者，让这一切得以实现。

减缓痛苦、增进健康、创造圆满的关系、拥有更好的工作、变得更平静喜乐……听起来很棒吧？这些不但可能发生，而且很有希望实现。要刻意努力去重新设定心灵的硬盘，并不容易，但你可以现在就开始，而且不用多久——反正时间无论如何都会过去，你就能拥有自己一直梦寐以求的人生。

你可以上我们的网站：www.AComplaintFreeWorld.org，订一个"不抱怨"的紫手环。手环的使用方法如下：

1.开始将手环戴在一只手腕上。

2.当你发现自己正在抱怨、讲闲话或批评时，就把手环移到另一只手上，重新开始。

3.如果听到其他戴紫手环的人在抱怨，你可以指出他们应该把手环移到另一只手上；但如果要做这种事，你自己要先移动手环！因为你在抱怨他们抱怨。

4.坚持下去。可能要花好几个月，你才能达到连续二十一天不换手、不抱怨的目标。平均的成功时间是四～八个月。

还有，放轻松一点。我们所谈的，只是被"说"出来的抱怨、批评和闲话。如果是从你嘴里说出来的就算，要重新来过；如果是用想的，那就没有关系。不过你会发现，就连抱怨的想法，也会在这样的过程中消失殆尽。

现在就马上开始，不必等紫手环到了才开始。现在就拿一条橡皮筋套在手上，把铜板或小石头放在口袋里，把纸镇移到书桌的另一边，或找到任何一种能确实自我监督的方法。现在就做。然后，当你逮到自己在抱怨、批评、讲闲话的时候，就移动那个东西——把橡皮筋移到另一手，把硬币放到另一个口袋，或把文具移到书桌另一边。移动那个东西很重要，这样的动作将在意识里深深地刻下痕迹，让你察觉到自己的行为。你一定要去移动它，没有一次可以例外。

你抓到刚才说的一个重点了吗？我说的是"当"你逮到自己在抱怨时，不是"如果"。抱怨在我们的世界里蔚为风潮，所以当你发现自己的牢骚要比想象中多了很多，也不必大惊小怪。

在本书中，你将了解形成抱怨的原因是什么，我们为何会抱怨，我们以为抱怨能带来什么好处，抱怨是如何破坏我们的生活，而我们又要怎样让周遭的人停止抱怨。你将学会一步步驱除生活中这种恶毒的表达形式。如果坚持下去，你就会发现，不只是你自己不再抱怨，连身边的人也会跟着停止这样做。

不久前，我和一个朋友在打壁球，在赛局间稍做休息时，他问："你寄出多少个'不抱怨'紫手环了？"我说："大约十二万五千个。"然后又补了一句："到目前为止是这样。"他思索片刻，喝了点水，然后说："十二万五千……比一个中型美国城市的人口还要多。"我说："对啊。"一边仍盘算着是不是这个数字。

"那这件事你做多久了？"他问。我回答："七个月。""七个月寄出十二万五千个手环。"他反复说着，一边摇头觉得不可置信。他调整了运动头带、再换上护目镜，准备打最后一局，又问道："你觉得人一天会抱怨几次？"我说："不知道。我刚开始尝试二十一天不抱怨运动时，一天大概要移动紫手环二十次。"

他站了起来，准备好要继续打球。他拿起球拍挥了几下，让肩膀保持灵活，然后说道："算一下数学。"我还以为是算错了上一局的分数，于是问他："什么数学？"

他说："如果有十二万五千个手环，乘上每天二十次抱怨，再乘每个月三十天，再乘上七个月，那就是……呃，是……呃，简直是多得不得了！你想想看，有多少抱怨，从那天开始就'不见'了。"我站立片刻，想了一想，然后走回壁球场上。他进入球场，走向发球线，开始发球。我满脑子都是他的论点。我挥了空拍，没接到这个球。我不禁一直想着朋友说的话，最后他赢了那场比赛。这个简单的想法，已经预防了多少抱怨、批评和闲话的发生呢？

它显然发挥了相当的影响力，而且正持续地在扩张、发展。在我担任牧师的教会，根据工作人员估计，"不抱怨"紫手环平均每一周被索取的数量是七千个。我们已经把紫手环寄送到全球八十个国家；办公室主任每周放在我书桌上的邮件资料夹，已经膨胀成一捆将近一尺厚的信件。学校老师告诉我，鼓励学生察觉自己的怨言，让教室里的气氛也随之改变。各教派的教会也拥护这个构想，不只是赠送"不抱怨"手环，还开设了星期三晚间的"不抱怨"课程以及"不抱怨"主日学（编注："主日"即周日，"主"者，万物主宰也，所以敬拜主的日子就是主日，也就是周日。）等。遭逢背叛、贫穷、致命疾病、裁员，甚至是天灾等威胁的人们，都开始接受挑战，试图将抱怨从自己的生活中驱除。

这样的现象已经活跃地开展，而置身其中更是令人雀跃不已。

为什么是"紫手环"？

二〇〇六年夏天，我决定在我们的教会成立"夏日读书俱乐部"，鼓励大家阅读同一本书，并开课加以讨论。

我们想选出一本真正能发挥影响力的书，于是决定先看看自己人需要的是什么。大家面临的头号挑战似乎是金钱。不论是成双的伴侣或单身的男女，都纷纷来找我谈负债、工作不稳定、深感财务吃紧等问题。检视过几本探讨这个主题的书籍之后，我们选择了爱妲温·甘妮斯（Edwene Gaines）的《繁荣的四大心灵法则》（The Four Spiritual Laws of Prosperity）。她的书提供了清晰、简洁、有力、重要的指引，让人们加以遵循实践，开始过着丰足的生活。有一百多人买了这本书，我也额外规划了为期五周的系列课程，让大家能更深入钻研，分享问题、看法与洞见。

当课程进入第二周，我在家里的办公室备课时，突然灵机一动，打电话给我们的办公室主任玛西雅·戴尔。

我解释自己的想法给玛西雅听，她很有耐心地听完，然后叹口气说道："又是星期天的新鲜小玩意儿吗？"玛西雅佯装气恼，其实她很喜欢在课堂上或主日学时送些小东西。我们已经给过磁铁、书签、相框、笔和其他能支援、强化学习成果的小饰品。玛西雅说的"玩意"在课程结束许久之后，仍发挥着视觉提醒的作用。

"为什么是橡胶手环？"她问。我向她解释，甘妮斯的书就像许多其他书一样，也在提醒我们：人生中最重要的，就是把注意力放在我们想要的东西上，而不是不要的东西。"心里想什么，嘴里就会跟着说出来。"玛西雅说道，回想起已经听过好几百遍的概念。我说："没错，抱怨就是把焦点放在我们不想要的东西上头，所谈论的是负面的、出错的事情；而我们把注意力放在什么上头，那个东西就会扩大。所以，我们要帮助大家从生活中驱逐抱怨，而橡胶手环将会成为很大的助力。"

"你再说一次，橡胶手环要怎样发挥效果？"玛西雅有点犹疑地问道。"我们会给每个人一个手环，就像为'阿姆斯特朗基金会'（Lance Armstrong Foundation）募款时，分发的那种'活得坚强'（LIVESTRONG）的手环，但是要换个颜色。"我说。"大约二十年前，我曾在一本书上看过，母鸡要花二十一天才能孵好蛋；反讽的是，人也要经过二十一天，才能将一项新的行为培养成习惯。我们要鼓励每个人把手环戴在手上，努力做到连续二十一天都不抱怨。如果他们发现自己在抱怨了，就要把手环移到另一只手上，再重新开始。"

"呃……这听起来挺难的。"玛西雅评论着。然后，她钻漏洞地问道："他们要是抱怨了，可以隔天再重头来过，然后这一天干脆就'放个假'，尽情抱怨个够吗？"我说："不行。他们当下就要换手，再重新开始。这个方法的重点，就是要让我们察觉到自己在抱怨，这样在下一次抱怨发生前，我们才可能先逮个正着。"

电话里那头出现了片刻的沉默。"玛西雅？"我轻声问，确认电话是不是断线了。"我还在。"她淡淡地说。"我只是不确定大家能不能做到……见鬼了，我也不知道自己行不行。"我说："我也是。我们试试看吧。"

"好吧。"她略显忧虑地说道。"那我打电话给几家饰品店，看看能找到什么。手环有指定的颜色吗？"我想了一下。

"没有……你有什么意见呢？"我问。

"紫色怎么样？"她说。"很别致，而且有些人觉得紫色代表蜕变。更何况，你看黄色、橘色、粉红色的手环到处都是，却没有见过紫色的。"我说："听起来不错。"

玛西雅找到一家卖紫色橡胶手环的公司，手环上还刻了"SPIRIT"（精神）这个词。我们同意订购五百个，比所需要的数量多出两倍以上——我们哪里知道会怎样呢？当玛西雅告诉我手环的事，我问道："为什么要刻'精神'？"她说："我想，那代表的是'学校的精神'，他们什么颜色都卖。如果学校的代表色是橘色，就买橘色的'精神'手环；如果是红色，就买红色的'精神'手环。"我说："喔，所以我们买不到那种刻着'不抱怨'的手环吗？"她说："买得到，可是一次只订购五百个，成本很可观。更何况这只是个小东西，大部分的人一回家就直接丢到抽屉里去了。"

"那我该如何解释'SPIRIT'那个词？"我大声地提出疑问。"你就告诉大家，那是代表'改变的精神'。"玛西雅说着，替我回答了问题。

　　隔周的星期天，我们送出两百五十多个手环，但我们的五百个库存量，在礼拜结束之后很快就一扫而空，因为大家也想为自己的办公室、班级、朋友、组织和社团索取手环。当天，我除了解释这项挑战的规则，还邀请每个人发挥想象力，想象自己的生活若没有了抱怨的"听觉污染"，会是什么模样。我能感觉到室内混杂着一股兴奋和慌张的气氛。我告诉他们，我自己也会进行这项挑战，无论花多久时间，我都要达成连续二十一天不抱怨的目标。"连续二十一天，"我强调，"不抱怨、不批评、不讲闲话。"

　　我说："加入我的行列吧。如果要花三个月或三年，你的生命将会大幅进化、提升。如果你戴的手环因为换来换去而磨损了，我们会再给你一个。请坚持下去。"

你的话语表明了你的想法

　　抱怨是在讲述你不要的东西，而不是你要的东西。当我们抱怨的时候，是藉由话语把焦点放在不如意的事情上头。我们的想法创造我们的生活，而我们的话语又表明了我们的想法。让我重申一次：如果你只能从这本书中得到一项收获，那希望你记得的就是这一句：我们的想法创造我们的生活，而我们的话语又表明了我们的想法。

换句话说："你讲了什么话，就会表现出什么模样。"

每个人无时无刻都在创造自己的人生。重点是真正拿起缰绳，引导马匹到我们要去的地方，而不是我们不要去的地方。你的人生就是一场电影，编剧、导演、监制、演出——你猜对了，都是你自己！我们都是自制的产物。当有人问及"白手起家的百万富翁"这样的人，二十世纪的激励大师及哲学家厄尔·南丁格尔（Earl Nightingale）曾发出这样的妙语："我们拥有的一切都是自己造成的，可是只有成功者会这样承认。"

每一刻，你都在用自己最关注的念头创造人生。如今，大家已渐渐察觉这一点，这是前所未有的现象，它敲响了改变的铃声，要改变世界的意识。我们的集体思维已经开始明白，我们的生活、社会、政治情势、健康和世界的状态，就是我们的内心思维和随之招致的行为所展现、造成的结果。

这个观念一点儿也不新颖。今天，似乎已有相当数量的大众

对此具有完整的认识，但数以千计的伟大哲学家与导师，千年来
已一直在告诉我们：

"照你的信心，给你成全了。"

——耶稣，〈马太福音〉8：13

"宇宙即变化，我们的人生由我们的想法所创造。"

——罗马皇帝奥勒留（Marcus Aurelius）

"诸法皆以心前导，心是主宰，诸法唯心造。"

——佛陀

"改变想法就能改变世界。"

——心理学家皮尔（Norman Vincent Peale）

"你是今天的思想所造就的模样，也将被明天的思想牵引着
向前走。"

——作家詹姆斯·艾伦（James Allen）

"我们会成为自己想象、思考的东西。"

——哲学家厄尔·南丁格尔（Earl Nightingale）

"道德文化的最高层次，就是当我们能察觉自己应该控制思想之时。"

——达尔文

"为什么我们就是命运的主人、灵魂的统帅呢？因为我们有控制自己思想的力量。"

——孟塔培（Alfred A. Montapert）

我们的话表明我们的想法，我们的想法又创造了我们的生活。人们是处于积极或消极交相表现的连续状态中。在我的经验里，我从来没有见过自以为消极的人。我所认识的人之中，当他们破坏性的思想多于建设性时，也没有人真的会察觉到。他们的言词可能向他人透露了负面的想法，但他们自己却听而不闻。他们可能经常抱怨——我也是其中之一，但多数人（包括我自己在内）都认为自己是正面、开朗、乐观、快活的人。

为了重新创造生活，控制思绪是很重要的。不抱怨的紫手环能帮助我们了解，自己是处于交相表现消极或积极的连续状态。接着，当我们历经这样反复交替的实际行动，一次又一次将手环从一手换到另一手时，我们就会真正开始注意到自己的言语，进而注意自己的想法。当我们注意到自己的想法时，我们就能改变，最后重新塑造出我们所选择的生活。紫手环帮助我们设下陷阱，我们才能逮住自己的负面情绪，然后释放它，再也不让它回来。

一起打造"没有抱怨的世界"

二〇〇六年七月的那个星期天，在递出第一批不抱怨的紫手环给教友，邀请每位弟兄姊妹立志做到连续二十一天不抱怨后，我分享了一段故事："小时候，我经常站在湖边，尽可能把石头丢到最远的水里。水开始溅起来之后，我就看着波动的涟漪从每个方向传出去，一直轻拍到这个小湾的每一处边缘。我们也可以一起创造出涟漪，此时此地，在这个小教会里，我们可以开始做一件触动世界、改变世界的事。"

他们犹豫的能量，开始转化为兴奋的热忱。我说："让我们把紫手环送给每一个来索取的人。我们可以一起让密苏里州的堪萨斯市，成为美国第一个'不抱怨'的城市。"接着我又补了一句："想想皇家队今年在职棒大联盟的表现，在我们前面，还有好长的路要走呢。"

室内一片沉寂。我发觉自己正在发出怨言，便第一次将我的手环从右手移到左手——这当然也不是最后一次。

社区居民开始听说了紫手环的事。我们加订了五百个，货还没有运到，就又送完了。我们想要再订一千个，却又担心如果手环剩下了该怎么处置。后来我们还是下了订单，结果这一千个手环在送达之前又被索取一空。索取手环的请求起初有如涓流，慢慢变成了细雨、豪雨，最后就像山洪爆发。

我察觉到有一件重要的事正在发展，便打电话给《堪萨斯城星报》（The Kansas City Star），问报社有哪位记者会对这种报导有兴趣。他们将我引介给海伦·葛瑞，于是我便寄给她一封电子邮件，解释当前的状况。

就在我们送出手环时，我自己才发现，要达成这样的转变有多么困难。第一天，我不停地把手环从一手换到另一手，简直要累坏了，当时我才发觉自己一直都在抱怨。我想喊停，但教会里的每个人都在看着我。第一周结束后，我个人的最佳纪录是一天只动了五次手环；然而到了隔天，我又回升到十二次，但我还是继续这么做。我从来没有想过自己是爱抱怨的人，如今我却发现其实不然。就在我努力试着不抱怨、不批评、不讲闲话时，我同时也因为《星报》的葛瑞女士还没有回信而不免灰心，之后却又暗自窃喜。虽然我认为这个主意不错，但是我一点也不觉得，自己在这项实验中有什么过人的表现。我也不想硬着头皮告诉她："对，我就是呼吁每个人投入这项挑战的牧师。"还有——"我吗？呃，在实地尝试了两个礼拜以后，我已经快能维持六小时不换手了。"

我还是坚持下去，结果在将近一个月后，我已经可以一连三天不抱怨。每个礼拜天，我的教友都会看我的手环戴在哪只手上。我看到有些人已经把手环拿下来了，但也有很多人持续不懈，让我受到很大的鼓舞。最后，我写下目标："到九月三十一日为止，连续二十一天不抱怨。"这个目标，我每天早晨看三次、每天晚上再看三次。慢慢地，我开始有了进展。

我发现，我在一些人身边时可以做得很好，但和另一些人相处时却没办法做到。我难过地发现，有些我视为是好朋友的人，我和他们的关系是建立在一起谈论、表达各种不满和抱怨的基础上，于是我开始回避他们。起初，这样做让我有点罪恶感，但我却注意到自己的手环变得稳定不动了。更重要的是，我发现自己也变得比较快乐了。

一个多月后，《星报》的葛瑞女士发电子邮件给我，说她之前在休假。她说她觉得这个点子很有意思，想写一篇文章报导我们的"不抱怨手环"。当她正在撰稿时，我也终于完成二十一天的挑战。因此，当她的第一篇报导问世时，我是唯一做到的人。

我再度向教会的委员会确认，可以免费赠送手环给所有想要的人。"我们可以帮助唤起全世界的觉知。"这是我们一致的意见。而我们几乎没有想到，其他报纸会从《星报》上挑中这篇报导。几周内，我们接到索取手环的请求，数量将近九千个。我们把供应商的所有紫手环都买下来，还追加了更多订单。志愿者们进一步将我们的网站自动化，可以直接处理索取手环的请求，同时还设计了我们这个工作团队的专属标签，可以在包装手环时粘贴使用。

我们申请到了"www.TheComplaintFreeChurch.org"这个网址，还有更多报社报导了这个活动，随后电视台也加入了。

这个想法的规模已经扩大，不再只限于堪萨斯教会。一个天主教的主教辖区索取了两千个紫手环，分别送给教会和学校。我们开始从澳洲、比利时、南非等地接到索取紫手环的请求。这已经真正成为一种全球化现象了。

我们察觉到这个"池里涟漪"的点子，逐渐在全球酝酿、扩展，于是便创建了"www.AComplaintFreeWorld.org"的网站。我们也建立起资料输入团队、执行团队、补给团队和运输团队，成员悉数都是由志愿者组成。（编注：由于运费增长及索取数量庞大等因素，紫手环已改为付费购买制，只有索取数量在三个以内，以及学校、医院、监狱、教会等非营利组织仍维持免费赠送。）

在见报一百多次、上过《今日秀》（The Today Show）和真正全国联播的《奥普拉秀》（The Oprah Winfrey Show）这两个电视节目之后，参与这个活动的人次已有数百万人，而且全球都在快速成长！当我和《奥普拉秀》的副制作人面谈时，她曾问我这个活动的目标是什么。我说："转化我们这个世界的意识。"

她看着我，露出同理的微笑。"这是个很大的梦想，您不觉得吗？"我回敬她一个笑容，然后说："算一下数学吧。"

当我写到这里时，已经有八十多个国家，超过六百万人，来向我们索取紫手环，每天的索取数目则将近上千个；一般人平均要花四到八个月，才能成功做到二十一天不抱怨。将手环的数量与大多数人抱怨的次数相乘，这个世界的人们已经开始觉醒，有了全新的体认。

有多少抱怨，因为这个简单的想法而平息下来了？和几个月前相比，家庭、学校、职场、教会、体育团队、医院、监狱、警察局、消防局、诊所、军队和政府机关，是不是也变得积极、快乐多了呢？在世界上的每个角落，这些团体里都有人戴着紫手环，竭尽全力用积极的态度，来选择、形塑他们的措辞和用语。

改变世界？这件事情正在进行中。

有两件事，大多数人应该都会同意：

1. 这个世界有太多的怨言。

2. 世界的现况并不是我们想要的模样。

在我看来，这两者互为关联。我们把焦点锁定在不对劲的事情上，而不是将视野聚焦于健康、快乐与和谐的世界。如今，你也有份了。你会拿起这本书，并非偶然。你已经回应了灵魂的召唤，不再是制造问题的一份子，而是解决方案的提供者。只要成为积极改变的榜样，你就能改变世界。接受这项挑战、并且持续不懈，无论花多久时间都要挑战成功。你将为我们的孩子点亮光明的未来，你可以在人类之中成为一个疗愈的细胞。

前几天，我去看了皇家队的比赛，一群球迷热切地想要带动全场玩起波浪舞。波浪舞热烈展开，大家从座位上跃起，高举双手，使劲发出"呼"的一声。欢呼声绕着棒球场一波波传递，到了某个区段后，却开始后继无力。坐在那一区的球迷不知为何无心接续，波浪舞便停止了，浪潮就这样渐渐消退。

转化人类意识的波浪舞已经朝你绵延过来了，你可以让它继续下去。你可以帮忙创造一个不抱怨的世界。为你身边的人们而做。为你的国家而做。为了这是迈向世界和平的第一个有力步骤而做。为你的孩子以及他们未出世的孩子而做。但最重要的是，为你自己而做。

为自己做这种事？那不是很自私吗？不会的，为自己做些事、让自己得到益处，这没有什么不对。当你成为更快乐的人，就会提升这个世界整体的快乐程度。你会传送出乐观和希望的震波，和其他理念相似的人互相共鸣。你会创造无比的期待，让所有人的未来更美好。

人类学家玛格丽特·米德（Margaret Mead）曾经写过，我们绝不该"怀疑一小群深思熟虑、忠诚坚持的公民可以改变世界。事实上，也只有这样才能做到。" 涟漪正一波波持续扩散着。

对了，顺便提一下：玛西雅也成功了喔。

Part 1

无意识的无能

▶ 我怨故我在
▶ 抱怨与健康

我怨故我在

做到不抱怨的四个步骤

不论做什么事，都要经过四个阶段，才能养成确实的能力。要成为不抱怨的人，就要历经这每一个阶段，而且很抱歉，一步都不能省却。你不可能跳过这些阶段，直接达到永续的改变。有些阶段会比其他阶段费时更久，每个人的经验各有不同。你可能飞也似地越过一个阶段，却卡在另一个阶段许久，但只要坚持下去，你就能掌握这种技巧。

我还以为我很乐观！

我和大多数挑战"不抱怨"运动的人一样，很快就发现自己在日常互动中究竟说了多少抱怨的字眼。我第一次真正听到，自己对工作发泄怒气，对疼痛和痛苦发牢骚，对政治及世界局势唉声叹气，又对天气抱怨连连。发现自己使用了多少含有负面能量的字眼，简直让我震惊——我本来还以为自己是乐观的人呢！

——密苏里州堪萨斯市，马提·波因特

养成能力的四个阶段是：

1.无意识的无能；

2.有意识的无能；

3.有意识的有能；

4.无意识的有能 。

汤玛斯·葛瑞（Thomas Gray）在《论伊通学院的愿景》中告诉我们一句格言："无知就是福。"要成为不抱怨的人时，你会在"无知"的福气中，开始穿越转化的乱流，获得真正的

福乐。目前，你还处于"无意识的无能"阶段。你并没有意识
到自己的无能；你不明白（没有意识）自己的抱怨有多少（因
此而无能）。

"无意识的无能"和"有能"的阶段一样，都是一种存
在的状态。每个人都是从这里开始的。在"无意识的无能"阶
段，你具有纯粹的潜力，准备创造伟大的作为。只要你愿意按
部就班、往前推展，一步步走下去，就有振奋人心的新远景，
等着你去探索。

很多人都是习惯去注意伤害而喊"痛"。你如果大声喊
"痛"，伤害就会出现；如果抱怨，就会遇上更多想要抱怨的
事。这是行动上的"吸引力法则"。当你历经这些阶段，当你扬
弃抱怨，当你不再去注意伤害而喊"痛"时，你的人生就会像美
丽的春花般绽放。

我常被问到的一个问题是："我永远都不能抱怨了吗……
永远？！"我是这么回答的："你当然可以抱怨。"这有两个
原因：

1.我不是要来告诉你或谁该怎么办。如果我是这种心态，我
就会想办法改变你，这代表我是把焦点放在我不喜欢的那个你身

上。我是在表达对你的不满，而且以此推论，我还会抱怨。所以你想怎么样就怎么样吧，那是你的选择。

　2.有时候，抱怨也言之有理。

　　现在，在你还没发现自己在第二点上的漏洞之前，先想想"有时候"这三个字，同时记得我和很多人一样，已经接连三周——就是连续二十一天，或五百零四个小时——完全没有抱怨。没有抱怨——零、无，一点都没有。讲到抱怨，"有时候"代表"不是很常见"。抱怨应该不常发生；批评和闲话则永远不该出现。如果我们对自己坦诚，就会发现生命中足以让我们有理抱怨（表达哀伤、痛苦或不满）的事件，其实寥寥可数。我们的抱怨多半都只是一大堆"听觉污染"，有害于我们的幸福与美满。

　　自我检视一下：当你抱怨（表达哀伤、痛苦或不满）时，背后的原因严重吗？你经常抱怨吗？你已经一个月或是更久没有抱怨了吗？如果你一星期抱怨十次以上，那你可能已陷入惯性的抱怨状态，这样对你并没有好处，因为你就是在注意伤害而喊"痛"。

你抱怨的事真有那么严重吗?

要做一个快乐的人，能掌控自己的思想、开始按照自己的规划过生活，你就需要非常高的门槛，才能容许自己表达哀伤、痛苦或不满。下次你要抱怨时，就先问问自己，那件事有没有像几年前我所发生的事一样严重。

当时我正坐在自己的办公室里备课。我们家正位于马路的急转弯处，驾驶人在这里要放慢速度，行驶过弯道；而过了我们家两百码之后，市区道路就变成郡立高速公路，时速从二十英里升高为五十五英里。因此，我们等于是住在加速／减速的车道上，若非有这个拐弯处，我们家就会变成非常危险的地方。

那是个温暖的春日午后，蕾丝窗帘在开敞的窗边随着微风轻轻飘动。忽然间，我听到奇怪的声音。砰的一声巨响，紧接着出现了尖叫声。那不是人的尖叫声，而是动物。每只动物都有独特的声音，就像每个人一样，而我对这个声音很熟悉，那是我们的长毛黄金猎犬金吉尔。通常，我们没想过狗会尖叫。可能是吠叫、嚎叫、哀叫——没错，都是这样，而尖叫是我们鲜少听到的。但此刻金吉尔就是在尖叫。她被车撞了，就在我窗外不到二十英尺处，躺在路边痛得尖声叫喊。我大喊一声，跑过客厅到前门外，我的太太桂儿和女儿莉亚跟在后面。莉亚当时才六岁。

我们靠近金吉尔时，看出她伤得很重。她试图用前腿站起来，但后脚却似乎帮不上忙。她一次又一次地痛苦嚎叫着。邻居们纷纷走出家门来探视骚动发生的缘由。莉亚只是一直叫着她的名字："金吉尔……金吉尔……"眼泪从她的脸颊流下来，浸湿了衣服。

我四处寻找撞伤金吉尔的司机，却不见半个人影。后来我抬头望向划分市区道路与郡立高速公路的坡道，看见一辆卡车牵引着拖车，正在爬坡，同时加速超过五十五英里。尽管我们的狗痛苦地躺在那里，我的太太愕然站着，我的女儿哭得可怜，我满脑子想的，都是要去找那个撞到金吉尔的人当面算账。"怎么会有人做出这种事，还开车跑了？"我心想，"他才刚驶过弯道……他当然会看到金吉尔……他当然知道发生了什么事！"

我把陷入痛苦与混乱的家人丢下，跳上车子冲出停车道，扬起一片沙尘与碎石，沿路飙到时速六十、七十五、八十三英里，就是要追上那个撞了莉亚的狗，又扬长而去不敢面对我们的人。我在颠簸的路面上疾驰着，开始觉得车子彷佛就要驶离了路面。

那一刻，我稍微平静了下来，想起我如果在开车时丧命，对桂儿和莉亚而言，就要比金吉尔受伤更难以平抚了。在我和那个驾驶人的距离慢慢拉近时，我也把车速降到了可以控制的程度。

那人转进了停车道，还没有发现我在后面追赶，他穿着邋遢的衬衫和油腻腻的牛仔裤，下了卡车。我在他身后将车停住，从车里跳出来尖叫："你撞到我的狗了！"那人转身看着我，一副听不懂我在说什么的样子。我一股血气冲上耳朵，不确定他是不是真的说了："我知道我撞了你的狗……不过你想怎样？"与现实世界恢复连线后，我吼了回去："什么？你说什么？"他微笑着，彷佛在纠正一个搞不清楚状况的孩子，又字正腔圆、慢条斯理地说了一次："我知道我撞到你的狗了……你现在究竟想怎么样？"

我气得火冒三丈，心里一直浮现莉亚在后视镜里，站在金吉尔旁边哭泣的模样。我大喊："把手举起来。"他说："什么？"我再说一次："把手举起来，混蛋……我要宰了你！"片刻之前，当我怒气冲冲地要追捕这个家伙时，及时的理性让我不至于因为开快车而送命，但现在他把我亲爱的狗撞成重伤，竟然还讲出这种目中无人的话，已经让我所有的理性消散殆尽。我长大后从来没有打过架，我不相信打架能解决事情。我也不晓得自己知不知道怎么打架，但是我想揍死这个人。那一刻，我才不管自己会不会坐牢。

"我不跟你打。"他说。"这位先生，你如果打我，那就是伤害罪。"我举起手臂，拳头就像颗坚硬的钻石紧紧握着，目瞪口呆地站在那里。我说："别废话，动手！"他说："我不要，先生。"露出仅存的几颗牙微笑着。"我才不干这种事。"

他转身慢慢走开。我站在那里发抖，怒气毒害着我的血液。

我不记得后来如何开车回到家人身边。我不记得如何把金吉尔抱起来去看兽医。我只记得最后一次抱着她时她身上的味道，还有兽医用针筒结束她的苦难时，她轻声哀嚎的模样。我反复问着自己："怎么会有人做出这种事？"

后来那几天，每当我努力想入睡时，那人满口破牙的笑容却总是挥之不去。他那句"不过你想怎样？"又在我耳边响起。我在脑海里清楚地看见，如果我们打起来，我会怎么对付他。在我的想象中，我是消灭邪恶坏蛋的超级英雄。有时候，我会想象自己正拿着球棒或其他武器，狠狠地伤害他，就像他伤害我、我的妻子、我的女儿和金吉尔一样。

接连难以入眠的第三个晚上，我起身开始写日记。在宣泄了近一小时哀伤、痛苦和不满的怨言之后，我写下了令人讶异的字句："伤害者自己也是受伤的人。"

这一点都不像我会说的话啊，我不禁纳闷地大喊："什么？"我又写了一遍："伤害者自己也是受伤的人。"我往后一靠，坐在椅子上思索，聆听春天的雨蛙和蟋蟀颂赞迷人的夜晚。"伤害者自己也是受伤的人。这句话怎么可能适用在这个人身上？"

当我进一步思索时，便开始明白了。可以这样轻易地伤害一个家庭所珍爱的宠物，一定不像我们一样了解同伴动物的爱。可以在年幼的孩子泪眼汪汪时驱车离开，就不可能知道小朋友的爱。不能为刺伤一家人的心而道歉，他自己的心一定也被刺伤过很多很多次。这个人才是这个事件中真正的受害者。没有错，他表现得跟坏蛋一样，但这是源自于他内心的深切苦痛。

我坐了很久，让这一切沉淀、铭刻在心。每当我开始对他和他所造成的痛苦感到气愤，我就想起这个人每天必然会领受的痛苦。没多久，我便熄灯上床，沉沉入睡了。

抱怨就好像口臭……

抱怨就是：表达哀伤、痛苦或不满。

在这次的经验中，我感受到哀伤。五年前，金吉尔出现在我们南卡罗来纳乡间的家中。好几只狗来过我们家不想走，但我们的另一只狗吉布森却把他们都赶跑了。不知道为什么，他让金吉尔留了下来。金吉尔有些与众不同的地方，从她的举止行为来看，我们认定她到这里之前，曾经受过虐待。而且她特别会提防我，所以说不定是哪个男人伤害了她。大约一年后，她开始试着信任我；接下来几年，她则成了我真正的朋友。她走了，让我深深感到哀伤。

我当然也觉得痛苦，真切的情感痛楚折磨着我的灵魂。有孩子的人都会懂：我们宁愿自己承担心痛，也不愿孩子受苦。而我的小女儿莉亚所经历的情绪冲击，又使我痛苦倍增。

我也深感不满。我为自己没有痛打那个人而懊恼，也为了原先竟想以暴制暴而良心不安。我为自己从他身边走开感到羞耻，却也为了拼命追赶他觉得惭愧。

哀伤。痛苦。不满。

当这个人撞到金吉尔时，我感受到这种种的情绪，并且一一表达出来，这些都是恰当的反应。在你的人生中，有时可能也会经历同样困难的情境，幸运的是这一类的创伤事件并不常见。由此推知，抱怨（表达哀伤、痛苦或不满）应该也很少发生。

但是，对大多数的人而言，抱怨都不是源自于这么深切的痛苦经验。相反地，我们就像乔·沃许（Joe Walsh）的歌曲《人生一直都很好》（Life's Been Good）所描写的——我们不该抱怨，但有时还是会抱怨。事情并没有真的糟到该理直气壮地表达哀伤、痛苦或不满，但抱怨就是我们毫不抵抗而自然出现的预设反应。我们就是会抱怨。

无知就是福。在你开始自我反思，要成为一个不抱怨的人之前，你可能幸福地未曾意识到自己的抱怨有多少，以及这些抱怨在生活中所造成的杀伤力。对许多人而言，对天气、配偶、工作、身体、朋友、职业、经济、其他驾驶人、国家，或心里想的各种大小事件发发牢骚，是每一天都会重复几十次的事，然而，却鲜少有人明白，自己抱怨的频率有多高。

话是从我们的嘴里说出来，所以耳朵一定听得到，但不知是什么缘故，我们不会把这些话语认定是怨言。抱怨就好比口臭，当它从别人的嘴里吐露时，我们就会注意到；但从自己的口中发出时，我们却能充耳不闻。

你的抱怨很可能比自己认定的次数要多得多。而如今，既然你已经接受二十一天的挑战，要摆脱抱怨，你就注意到这一点了。当你开始把手环从一手移到另一手，才会明白自己有多常"kvetch"（意第绪语的"抱怨"之意——我不是犹太人，但我真喜欢这个词。）

一直到现在，老实说，你可能讲过你不会抱怨——或不常抱怨。很显然，你认为自己只有在事情着实恼人时，才会抱怨。下次当你想为自己的抱怨辩解时，先想想金吉尔的事件，然后扪心自问，你的这次经历是否真那么糟糕，再下定决心，实践不抱怨的承诺。

关键就在于不要放弃

每个成功做到二十一天不抱怨的优胜者，都对我说过："不容易，但是很值得。"凡是有价值的事都得来不易。这个行动简单吗？很简单。但"容易"通常和成功者沾不上边。我这样说不是要吓唬你，而是要激励你。如果你觉得要成为不抱怨的人（监测并改变自己的言语）很难，那不代表你做不到，也不代表你有什么毛病。作家欧德森（M. H. Alderson）说："如果一开始你没有成功，就代表你和平常人都一样。"如果你正在抱怨，这就是你应有的处境。现在你已经意识到这一点了，就能开始将抱怨从生活中驱除。

你办得到的。我一天抱怨几十次，我都办到了。关键就在于不要放弃。我的教会里有个很棒的姊妹仍戴着我们第一批赠送的紫手环，那只手环已经磨损泛灰了，但她最近告诉我："他们可能会把我和这个东西一起埋了，但是我不放弃。"

这份承诺就是需要这种决心来实践。好消息是：即使你尚未做到二十一天不抱怨，你也会发现自己的内在焦点已经转移，你也变得更快乐了。下面是我收到的一封电子邮件：

无怨的人生最快乐

我和成千上万的人一样，已经开始转移自己的焦点。在等手环来的时候，我就开始先把橡皮筋戴在手上，让我察觉自己在做什么。我已经戴了大约一个星期，现在我几乎不抱怨了。最值得一提的是，我觉得快乐多了！更别提我身边的人会有多快乐（例如我先生）！我想改善抱怨的习惯已经很久了，而这个手环活动就是驱使我改变行为的动力。

许多人都在谈论这个手环及其背负的使命，这项使命已形成庞大的涟漪效应，许多人至少都开始想到自己有多常抱怨，也许还决定要改变行为。愈来愈多人听说这个想法，这项运动就可能产生长远、广泛的效果。完成任务要比实际拿到手环重要多了！想到这点就觉得很兴奋！

——马里兰州洛克维尔市，珍妮·雷里

电台播音员保罗·哈维（Paul Harvey）曾说："我希望有一天能达到这个世界所认定的成功，这样如果有人问我是怎

Part1 ■ 无意识的无能

么做到的，我就会告诉他们：'我爬起来的次数比跌倒的次数还多。'"正如所有值得完成的事，你必须一路跌跌撞撞才能成功，当你刚开始接受这项挑战时，就和多数人一样，那你可能得不断把手环换来换去，换到手酸了、心也烦了。我移动手环的次数就多到把三个手环都弄断了，才完成二十一天不抱怨的目标。如果你也把手环弄断了，就上我们的网站 www.AComplaintFreeWorld.org，再索取一个。

但如果你坚持下去，有一天，当你昏昏沉沉躺在床上快睡着时，你一眼瞥到手腕，就会第一次发现，在多日、连月、甚至经年以后，你的紫手环终于和当天早上起床时一样，还戴在同一只手上。你会想："我今天一定有抱怨，只是我没有抓到。"但当你在心里清算一次，你就明白你成功了。你真的一整天都没有抱怨！总会有那么一天的，你一定能办到。

当你展开这种转变时，代表你很幸运，因为即使我事先警告过，这项挑战会很困难，你仍然具备一项心理优势，来驱策你达成目标，这在心理学上称之为"达克效应"（Dunning-Kruger effect）。当一个人尝试新的东西，无论是滑雪、杂要、吹长笛、冥想、写书、骑马、绘画或任何事，人性中都有一部分会认为精通这项技艺很简单。"达克效应"的名称是出自康乃尔大学的贾斯汀·克鲁格（Justin Kruger）与大卫·达宁（David Dunning），他们针对尝试学习新技能的人们展开研究，结果并发表在一九九九年十二月的《人格与社会心理学期刊》，文中这样陈述着："无知要比知识更容易造就自信。"换句话说，你没有意识到做某件事会很难，所以就会试试看。你心想："这会很简单。"所以就开始了，而开始行动就是最难的部分。

如果没有"达克效应"，当我们知道，实际上要花多少工夫才能精通一项技艺，或许在开始之前就会先放弃了。我的妻子桂儿对于这件事提出很适切的结论，有人问她："学骑马最好的方式是什么？"桂儿总是回答："花时间坐在马鞍上……花时间坐在马鞍上。"

花时间坐在马鞍上。戴紫手环（或橡皮筋，在口袋里放钱币、或使用其他自我监控的工具），然后换手。每抱怨一次就换手。尽管似乎很难、很糗、很灰心，也要换手。即使在成功了十天之后又抱怨，也要换手。一次又一次从头开始。即使周围其他人都放弃了，也要坚持下去。即使周围其他人都成功了，而你个人到目前为止的最佳纪录是两天，也要坚持下去。

当心陷入"抱怨轮回"

有个老故事是这么说的——两个建筑工人坐下来一起吃午餐，其中一个打开便当盒就抱怨："天！肉卷三明治……我讨厌肉卷三明治。"他的朋友什么话也没说。隔天两人又碰面吃午餐，同样地，第一个工人打开便当盒往里面看，这次他更火大了，说："怎么又是肉卷三明治？我痛恨肉卷三明治！我讨厌肉卷三明治！"他的同事一如前日，仍然保持沉默。第三天，两人又要准备吃午餐，第一个工人打开便当盒，又大叫起来："我受够了！日复一日都是一样的东西！每个有福的日子都是吃肉卷三明治！我要吃别的东西！"他的朋友想帮点忙，便问他："你为什么不干脆叫你太太帮你做点别的？"第一个人满脸疑惑，答道："你在讲什么啊？我都是自己做午餐。"

厌倦了肉卷三明治吗？是否你也是每天自己做午餐？改变自己说的话。不要再抱怨。改变你的言语，改变你的思维，你就能改变自己的人生。当耶稣说："寻找就必寻见"时，这是放诸四海皆准的原则。你所寻找的，你一定会找到。当你抱怨时，你就是用不可思议的念力在寻找自己说不要、却仍然吸引过来的东

COMPLAINT FREE WORLD

西。然后你抱怨这些新事物，又引来更多不要的东西。你陷入了"抱怨轮回"，这样的现象将在未来自行实现——表露抱怨、招致抱怨；表露抱怨、招致抱怨；表露抱怨……就这样一直反复延续，永无休止。

卡缪在《异乡人》里写道："仰望灰暗的天空，闪烁着星座与星辰，头一回，我的心向宇宙善意的冷漠敞开。"宇宙是善意的冷漠。宇宙——或神，或灵，或无论你如何称呼，都是善意（好）的、却也是冷漠（不在乎）的。宇宙不在乎你是否用话语呈现思维的力量，为自己呼求爱、健康、快乐、丰盛、平安，或为自己引来痛楚、苦难、悲惨、孤单、贫穷。我们的想法创造我们的世界，我们的话语又表明了我们的想法。当我们用消弭抱怨来控制言语时，我们就能主动创造生活，引来我们渴望的结果。

■你如果大声喊"痛",伤害就会出现;如果抱怨,就会遇上更多想要抱怨的事。这是行动上的吸引力法则。当你抱怨时,就是用不可思议的念力,在寻找你自己说不要、却仍然吸引过来的东西。

■所谓的"抱怨",就是表达哀伤、痛苦或不满。然而,生命中足以让我们有理"抱怨"的事件,其实寥寥可数。我们的抱怨多半都只是一大堆"听觉污染",有害于幸福美满。

■鲜少有人知道自己抱怨的频率有多高。抱怨就好比口臭,当它从别人的嘴里吐露,我们就会注意到;但从自己的口中发出,我们却能充耳不闻。

■要成为不抱怨的人(监测并改变自己的言语)很难,但并不代表你做不到,也不代表你有什么毛病。既然你接受了不抱怨的挑战,代表你已经意识到这个问题,就能开始将抱怨从生活中驱除,你的内在焦点也会转移,变得更快乐。

·不·抱·怨·行·动·

■自我检视一下：你经常抱怨吗？你已经一个月或是更久没有抱怨了吗？如果你每天抱怨十次以上，那么你可能已陷入惯性的抱怨状态。

■你可能说你不会、或不常抱怨；你认为你只有在事情着实恼人时，才会抱怨。当你想为自己的抱怨辩解，先扪心自问，这次经历是否真的那么糟糕？让你抱怨的实际原因很严重吗？然后再下定决心，实践不抱怨的承诺。

■戴上紫手环（或橡皮筋，还是使用其他自我监控的工具），然后只要抱怨就换手。尽管似乎很难、很糗、很灰心；即使成功十天后又抱怨，也要换手。就算其他人都放弃了、或是都成功了，也要坚持下去。

■改变自己说的话，不要再抱怨。当我们用消弭抱怨来控制言语，就能主动创造生活，引来渴望的结果。

抱怨与健康

我们抱怨，是因为能尝到甜头

我们之所以会抱怨，就和我们做任何事情的理由一样：我们察觉到抱怨会带来好处。我还清楚记得，自己发现抱怨有益的那天晚上，当时我十三岁，正在参加"袜子跳"（sock hop）。如果你太年轻，不知道"袜子跳"是什么，那我告诉你，这是从前常在高中体育馆举办的舞会。之所以叫"袜子跳"，是因为参加的小孩都要脱鞋，以保护体育馆的地板。这种舞会在上世纪五十年代的美国很流行，之后在一九七三年，又随着乔治·卢卡斯的电影《美国风情画》（American Graffiti）问世，而开始复兴。一九七三年，我参加的教会赞助了一场为青少年举办的"袜子跳"舞会，当时我刚好是青少年，所以就去参加了。

做个十三岁的男孩，至少可以说很有意思吧。有史以来第一次，女生不再"恶心"了。在这样的年纪，女生既像磁铁一样充满吸引力，同时又很让人害怕。虽然她们也可能很恐怖，但在我十三岁时，女生占满了我清醒时的每个思绪，又在我的梦里萦绕不去。关于滑板、模型船、电影和漫画的念头，全都从意识里一扫而空，取而代之的都是对女生的兴趣。我着了她们的道，巴不得能和女孩子牵上线，却又不知道该怎么做，就算成功了也不知道接下来要干嘛。我就像老笑话里追着车子跑的狗，好不容易追到了，却不知道该拿它怎么办。我想和女孩子亲密一些，却又怕接近她们。

举行"袜子跳"舞会的那天晚上，又湿又热。女孩子身穿蓬蓬的大圆裙，顶着波浪头，脚踩"天使"鞋，涂了亮晶晶的红唇膏。男生的装束主要是裤管卷至脚踝的紧身牛仔裤、袖子里卷着香烟盒（向父母借的）的白色T恤、鞋上塞了几分钱的平底乐福鞋〔编注：penny loafers，鞋面有横越两侧的皮饰带，上世纪四十年代的美国年轻人喜欢将一分钱（penny）硬币塞入鞋面，取"幸运"之意〕，和一种叫做"鸭屁股"的发型，油亮亮地往后梳。《美国风情画》的电影原声带反复播放，女生站在舞池的一边咯咯笑着，我和其他男生则坚守在另一边，靠在金属折叠椅上，竭尽所能地摆酷。虽然体内的每一串DNA都在苦苦哀求着我们走向女生，但我们却都吓得惊慌失措，不敢跨出一步。我们心想，要是自己看起来够酷，说不定女生就会来找我们；如果她们没有走过来，至少她们会以为，我们才不在乎她们来不来。

当时我最好的朋友奇普长得高大，既是运动健将、也是个好学生。在这三项条件里，我只是勉强还算高。我不像奇普，而是又圆又胖。就我记忆所及，每次要买衣服，妈妈就会带着我搭手扶梯到贝尔可（Belk's）百货公司的地下楼——这里是"特大号"（胖哥）专卖，也是我唯一能找到合身衣服穿的地方。

因为奇普的身材出众，我看出有几个女孩在盯着他看。知道他比我更有吸引力，让我很受伤，而他只是和我们坐在那里，不走过去和她们任何一人说话，也让我觉得心烦。

"我好害羞，"奇普说，"不知道要讲什么。"我说："你就走过去，让她们讲话就好了。你不能一整晚就坐在这里。"奇普说："你才是呢，你是长舌男，快过去跟她们说话。"

当吸毒者第一次服用那后来被他们当成"仙丹妙药"的东西，通常都会记得这最初的经验——要是不能摆脱这种瘾头，这仙丹妙药将会消耗、甚至夺走他们的生命。接下来的这句话，便让我染上了长达三十多年的"抱怨"瘾。我看着奇普说："就算我走过去跟她们讲话，她们也不会和我跳舞。我太胖了。你看我才十三岁，却早就超过一百公斤重了。我讲话会喘，走路会流汗，如果跳舞，搞不好还会昏倒。你的体格很好，那些女生都在看你。"其他人点头表示赞同。"我只是个好玩的人，她们只喜欢跟我聊她们真正喜欢的男生。我太胖了，她们不要我……她们永远也不会要我。"

另一个好友从后面走过来，在我背上拍了一下说："嘿，胖哥！"正常状况下，他这样打招呼没有什么特别的意义，几乎每个人都叫我"胖哥"，那是我已经习惯的绰号，我从来不当成羞辱。他们是我的朋友，不会在意我太胖。但我才刚讲完一段冠冕堂皇的话，说太胖有多么难受，以藉此逃避和那些女孩说话，就被人叫"胖哥"，如此而造成的效应，在我们的小圈子里显而易见。我的一个朋友说："喂，闭嘴！"另一个说："不要惹他。"第三个人说："胖又不是他的错！"每个人都极其关注地看着我。

我在心里说着："再夸张一点！"于是我像是在演戏似的，叹了口气，把头转开。当我抱怨自己的体型，诉说这个问题可能影响我和女孩子共舞的机会，我就攫取了其他男生的注意力和同情心，也让我自己得以脱身，不用走过去和那些年轻女孩说话。我的瘾头犯了。我找到了让我上瘾的东西——抱怨能使我亢奋。

找不到工作，我就告诉自己和其他人，这是因为我胖。当我被开交通罚单，也是因为我胖。我还要再花五年半，才甩掉这个藉口，甩掉这危害我健康的体重。

心理学家罗宾·柯瓦斯基（Robin Kowalski）写道："许多抱怨涉及了从他人身上诱发特定的人际互动反应，例如同情或认可。比方说，人们可能会抱怨自己的身体健康，却不是因为真的觉得生病，而是'病人的角色'能让他们取得附带的好处，例如他人的同情、或是可以避开反感的事件。"

藉由抱怨和"打肥胖牌"，我取得了同情及认可，也有正当的理由不用和那些女孩子说话。我的抱怨让我尝到了甜头。在人生中的某个时刻，你可能也做过类似的事。我们抱怨，是为了获取同情心和注意力，以及避免去做我们不敢做的事。小时候，每当我有感冒或其他疾病的症状时，就会装腔作势，这样就可以不用上学，待在家里看电视。奇怪的是，我常常在抱怨身体不舒服之后，也发现自己病得更重了。

抱怨疾病，是在消灭健康的能量

你扮演过病人的角色吗？或者你就正在这么做？健康不良是一般人最常发出的抱怨之一。人们抱怨自己不健康，好获取同情心和注意力，并且回避让自己"反感的事件"——例如采取更健康的生活方式。当我们抱怨身体不健康，可能会尝到这些甜头，但又要付出什么代价呢？

你或许听过"心身症"（Psychosomatic illness）这个名词。心身症主要是由患者的心理运作过程，而非生理因素所引发。我们的社会有一种倾向，认为心身症是由一小群心绪烦扰的人无中生有"捏造"出来的。许多人都相信，这些疾病是病人自己创造的，不必看得太认真。然而，根据医生估计，他们有三分之二的时间，都是在诊疗这样的病人——他们生病的原因其实都有其心理根源。

思考一下这样的现象——有三分之二的疾病是源自于病人的心理。事实上，"Psychosomatic"（心身）一词，就是由"Psyche"（心）和"soma"（身）组合而成，代表"心／身"之意。心理和身体之间是互为关联的，心理相信什么，身体就会表现出来。

数十篇研究报告均显示：一个人对于自己健康状态的认知，将导致这样的信念在他们身上实现。我曾在国家公共电台（National Public Radio）听过一则报导：医生如果告诉病人，有一种药很可能治愈他们的疾病，这种药对这些病人发挥的功效，就要比使用了相同药方，却没有接收到这项讯息的病人大了许多。

报导继续指出：曾有一项研究发现，患有其他生理疾病（如高血压）的老年痴呆症患者，服药的疗效常会打折扣，因为他们的记忆衰退，可能记不得要每天吃药。心理之于身体，确实有着极大的影响力。

几个月前，我受托到医院去探望一位加入我们教会很久的老教友。进病房之前，我一如往常，先到了医护室向医生和护士探询她的病情。一位护士说："她没事。"医生也点头说："她中风了，但是可以完全康复。"走进病房时，我却看到一个完全不像"没事"的人。我说："珍，哈罗，珍，是我，鲍牧师。"她气若游丝地说："鲍牧师，真高兴你来了。我只剩下几天的时间……我快死了。"

"你说什么？"我问道。"我快死了。"她说。

当时，一位护士来帮她做例行检查，我把她拉到一边，说道："我以为你说她没事。"

护士说："她是没事啊！"我说："可是珍刚才告诉我，她快死了。"

护士诧异地瞪大了眼睛，走到床边。"珍？珍！"珍睁开眼睛。"亲爱的，你是中风，不是快死了，你没事的。再过几天，我们就会把你转到康复病房，你很快就可以回家，和猫咪马提在一起了，好吗？"

珍微笑着说："好。"

等到护士离开病房，珍才开始巨细靡遗对我说起，她的丧礼要怎么办。"可是你还没要死啊!"我提出异议。"我会先记下来,等你死的时候——还久得很,我才能为你主持丧礼。"珍摇摇头,说:"我现在就快死了。"然后又继续跟我说起她的追悼会。

我离开病房后,又去找医生谈了一次。我说:"她确信自己快死了。"她微笑着说:"好吧,我们都难逃一死,珍也不例外。但她只是中风,这不会要她的命。她真的不会有事。"

两个礼拜后,我主持了珍的丧礼。医生和护士都没办法说服她不会死。她早已认定自己快死了,而她的身体也相信了她。

当你抱怨健康问题时,就是丢出负面的说词,让你的身体听见。这种负面的说词会烙下印记,而你的想法(心)也会将这股能量导入体内(身),引发更多的健康挑战。你是否注意过,抱怨自己健康问题的人,也会有愈来愈多的事情可以抱怨?

你说:"可是我真的病了。"请了解,我并没有怀疑你相信自己生病。但你要记得,医生估计有百分之六十七的疾病,都是患者"自以为生病"造成的结果。我们的想法创造了我们的世界,我们的话语又表明了我们的想法。抱怨疾病并不会缩短生病的时间,也不会降低疾病的严重性。

请认真想想，当你谈起自己的病，有多少次也许只是想要博取同情心和注意力？你可能不想回答，但它至少是个值得玩味的重要问题。当你抱怨健康时，请记得你可能是企图用汽油来灭火。你可能想变得健康，但当你抱怨疾病时，你就是在把限制健康的能量传送到全身。

真诚的分享

记得感恩，不再自怜

我昨天提早下班回家，因为背部一整天都很不舒服（我动过脊椎和颈椎融合的大手术），所以我只想放松下来、自怜自艾。四十七岁的我，总是为了一长串麻烦的医疗问题苦恼丧气。但是当我扑到沙发上，在奥普拉的节目里看到你，我真的被激励了！

我每天都在抱怨我身上的疼痛，以及那些止痛的药物治疗。你说得对，抱怨的确把我拖垮了，我想加入"不抱怨"的一方。我已经替自己和一些朋友订了手环，之后也会为这些手环寄上一小笔奉献金，但我写信主要是想表达谢意。

我对神最感恩的是：我可以走路，我有可爱的家庭，有好朋友、好工作。我必须要把精力重新投注在感恩上，不再为自己数不清的药物问题而耽溺自怜。我发自内心深处感谢你。

——俄亥俄州剑桥市，辛蒂·拉佛列特

今天不是十五号，所以我不抱怨

一九九九年，我的一位好友霍尔，在三十九岁的壮年便被诊断罹患第四期肺癌，医生估计他只剩半年不到的寿命。除了这个性命攸关的诊断结果，他还面临着其他的挑战。虽然他以销售健康保险维生，自己却连一份保险也没有。他的账单堆积如山，一直以来都得努力打拼，才不至于让家里断粮断电，得以安居温饱。当我得知他来日无多，于是前去探访他，却为他乐观的态度大感诧异。他没有抱怨，只是说着他这一生有多么美好、自己有多么幸运。从头到尾，霍尔都保持着丰富的幽默感。有一天，我邀他去散步，但因为他非常虚弱，所以我们一直走不出前院。我们站在他的家门外，享受新鲜的空气，一边说着话。霍尔注意到几只大型红头美洲鹫就在我们站立处的正上方，缓慢、懒散地绕圈而飞。他指着那些红头美洲鹫说："喔，不好的预兆！"当我看到他眼中淘气的光芒时，我们俩都不禁暴笑起来。

当我们的笑声渐渐止息时，我问他："你经历了这一切，怎么还能够不抱怨？"他倚着拐杖说："很简单，今天不是十五号。"

他自觉已经回答了我的问题，便开始慢慢走进屋里。"这跟十五号有什么关系？"我问。

霍尔说："诊断确定的时候，我知道这会很难熬，而我可以咒骂上帝、科学和所有人，也可以把焦点放在我生命中美好的事物上。所以，我决定每个月给自己一个'不爽日'来抱怨。我随意地挑了十五号，每当我想抱怨什么事，就告诉自己要等到十五号才能抱怨。"

"有效吗？"我问。"很有效呢。"他说。

"这样你每个月十五号不就很低潮吗？"我问。

"不会啊！"他答道，"等到十五号来的时候，我早忘了本来要抱怨什么了。"

尽管霍尔住的地方距离我家有两小时车程，我还是每周去探访他两次，直到他走完这段过渡期。大家都说我是个了不起的朋友，又很体贴，花了这么多时间陪伴他。其实我是为了自己而做。霍尔教导我，即使面对像致命的疾病这般艰难的处境，我们还是可以从中找到快乐。对了，他没有在六个月内死去，而是多活了两年快活的日子，为身边的每个人祈福。我怀念他，他在我生命中造成的积极影响是难以抹灭的，而且他战胜了微乎其微的存活几率。活出感恩的生命，而非抱怨的生命，就能发挥这种确保健康的力量。

当我们的旅程走到这里，你已经开始瞥见自己的抱怨了。你已经开始意识到自己的无能，注意到自己在抱怨。此时，你已经进入"有意识的无能"阶段。

·不·抱·怨·观·念·

■我们之所以会抱怨，是因为我们察觉到抱怨会带来好处。我们抱怨，常是为了获取同情心和注意力，以及避免去做我们不敢做的事。

■有三分之二的疾病是源自于心理状态。心理和身体是互为关联的，心理相信什么，身体就会表现出来。

■当你抱怨健康问题时，就是丢出负面的说词，让你的身体听见而烙下印记，而你的想法（心）也会将这股能量导入体内（身），引发更多的健康挑战。

■抱怨疾病并不会缩短生病的时间，也不会降低疾病的严重性。请记得你可能是企图用汽油来灭火，反而把限制健康的能量传送到全身。

■你是否注意过，抱怨自己健康问题的人，也会有愈来愈多的事情可以抱怨？

■请你认真想想，当你谈起自己的病，有多少次也许只是想要博取同情心和注意力？

■即使面对像致命的疾病这般艰难的处境，我们还是可以从中找到快乐。活出感恩的生命，而非抱怨的生命，把焦点放在一切美好的事物上，就能发挥这种确保健康的力量。

Part 2

有意识的无能

▶ 抱怨与人际关系

▶ 觉醒时刻

抱怨与人际关系

> 气恼我自己的残障，是在浪费时间。人生必须不断往前走，而我到目前为止表现得还不错。如果你一直在生气或抱怨，别人也不会有空理你。
>
> ——史蒂芬·霍金

抱怨，会让你变得招人怨

当你进入"有意识的无能"阶段，你可能会不太舒坦地察觉（意识）到，自己有多常抱怨（无能）。我们在抱怨时，可能会尝到获得注意力或同情心的甜头，也可以回避去做让自己紧张的事；然而抱怨的行为也是双刃剑，将带来负面的影响。

长年抱怨的人，最后可能被周围的人们放逐，因为他们发现自己的能量被这个抱怨者榨干了。你或许也认识一些人，会让你觉得精力都被他们耗尽了，他们藉由抱怨的天性，把你原有的能量都转换成怜悯。相反地，有些面临严苛处境的人，却能保持乐观，不让自己感觉像是受害者。即使我的朋友霍尔就要结束生命，我也从来不觉得被他拖垮了，反而是深受他的乐观与开朗所鼓舞。

从"鲜少抱怨"到"经常抱怨"的不同程度等级中，人们通常会循着连续值行动。如果有一个人跳脱团体的常轨太远，过不了多久，他就会发现自己再也不受欢迎了。

再者，如果把抱怨当成是某种让人上瘾的药物，有很多人面对的处境，大概就是身边的其他人都在酗酒、抽烟、吸毒，而如果有人不合群、没有一起这么做，团体中的成员就会觉得受到威胁。针对这样的现象，我个人的推论是：表现负面行为的人，其实知道自己做的选择并不健康，尤其和那些作风不同的人相较之下，更会显得自己十分糟糕，所以才会恼羞成怒。当我们和那些比自己更常抱怨、或是较少抱怨的人相处时，都会觉得不对劲，因为我们的频率和磁场不同，而能量互异的人会彼此排斥。

欢迎光临"不抱怨星期一"！

自从我第一次在《今日秀》节目中得知这项美好的计划，就开始问同事有没有兴趣参加。大多数人都愿意，于是我们就订了手环。我们决定在等待手环送达的同时，也要在一周的上班日中定出一天，努力在那天不要抱怨，于是我们将星期一定为"不抱怨星期一"。

我们在公司的布告栏和办公室四处都贴了标语，提醒大家不要在星期一发牢骚、诉苦和抱怨，这果然激励了整个办公室。现在每逢星期一，我们都会用："欢迎光临'不抱怨星期一'！"来彼此打招呼。

想想看，人生苦短。我们一直在追求生命中的重大福分（像是赚更多钱、有稳定工作、能减轻体重等），但现在，我们要开始寻找每一天被恩赐的小小喜乐。我觉得这个计划棒极了，我们真是有福之人！

——俄亥俄州肯特市，莎莉·司克蕾

你发现自己正身处一堆怨声载道的人群里吗？你周围都是些爱发牢骚的人吗？那我要郑重地提供一项讯息，帮助你厘清现况——通常，我们都会去接近和自己相似的人，而走避和自己互异之人。在"不抱怨运动"发展的盛况中，最让我们难过的事情之一，就是收到了许多诸如此类的请求："请马上把紫手环寄给我，我认识的每个人都抱怨个没完。"每当收到这样的请求——而且还常常发生，我们就只是微笑着寄上手环，不予置评。我们微笑，是因为我们知道，这个索取手环的人可能也经常抱怨，而且还不知道自己在抱怨。当他们戴上紫手环，明白自己的抱怨也是这么频繁时，他们对旁人的怜恤之情，就能大幅提升了。

杜绝抱怨，才有健康的沟通

《天地一沙鸥》的作者李察·巴哈（Richard Bach）在《梦幻飞行》（Illusions）中曾写下一则简单深刻的真理："同类相吸。"相似的人，无论是同样在抱怨、或是同样感恩的人，都会彼此相吸。不相似的人，则会互相排斥。我们都是能量的生物，而振动频率不同的能量，是无法协调、交融的。

思想也是能量。你会吸引那些符合自己思想模式的事物，并同时排斥不协调的事物。而你的言语将表明、强化、巩固自己的想法。所以当你抱怨时，其实是在排斥自己指名想要的东西；你的抱怨会推开、驱逐你说你想要的东西。我认识一群每周都举行聚会"互相扶持"的女性，而她们的"扶持"方式，主要就是抱怨男人。据我了解，她们最喜爱的话题就是："男人很自私"、"男人不要承诺"、"不能相信男人"。无怪乎，这些女人没有一个能和男人维持健康幸福的关系。她们想不想要这样的关系？当然想，但是通过抱怨，她们却向外发送了"男人不好"的振动能量，使得"好男人"都不会在她们的生活里出现。她们用自己的抱怨，创造了这样的现实。

几年前，我和桂儿认识一对夫妇，他们有个儿子和我家女儿同龄，我们四个大人有很多共同点，小孩也喜欢玩在一起，所以两家人花了很多时间相聚、相处。然而，过了几个月之后，我注意到我和桂儿都不再期待这种聚会了。一天晚上，桂儿说："我真的很喜欢他们两个，可是她每次一跟我说话，就只会抱怨她先生。"我告诉她，我和那家的先生单独相处时，他最常做的事也是抱怨他太太。

我们发现，这对夫妻在这样的发牢骚时段里，不但各自抱怨对方，而且似乎还打定主意，要帮忙为我和桂儿的夫妻关系挑出毛病来。他们试图要让我们转而去注意或谈论到底不喜欢对方什么。觉得自己悲惨的人不但喜欢把别人也拖下水，还要证明这一切都是其来有自。久而久之，我们便找藉口疏远这家人，最后终于和他们断了联络。

我和桂儿有我们自己的挑战要面对，任何一种关系中的两方也是如此。和你同处一段关系中的对方，时常会引发一些你必须承担、也终究要解决的问题。我和桂儿的处理方式，就是直接找对方谈，而不是跟其他人说。不去和引发你负面感受的人谈，反而去找另一个人说，就等于制造了"三角问题"——如果你不太懂，这是指你和某人有疙瘩，却和另一个人讨论这个问题，而不是直接找当事人解决。

健康的沟通是：直接找那个和你发生问题的人谈，而且只跟那个人谈。和另一个人谈就是抱怨；这会形成三角问题，也会继续制造问题，而不能解决问题。

在你自己的人生中，可能也经历过这样的事。你的一个孩子可能会对另一个手足很生气，却跑来找你投诉，而不是直接找他讨厌的那个人沟通。于是你这个睿智、仁慈的父母便介入了——你要不就是劝诫这个不满的孩子，要不就是雪上加霜，亲自去找另一个孩子兴师问罪。短程来看，你可能化解了当下的困境，但你却没有给予孩子所需的方法，去处理他们未来生命中的问题。你允许这个抱怨的孩子在当前的情况下继续当个受害者，而且让他继续维持这样的模式，去应对往后人生的挑战。

你想帮助、支持孩子，但是当你试图解决他们彼此之间的问题时，你并没有树立起健康沟通的榜样。甚至，你还无意间在鼓励孩子，习惯性把你卷入他们的冲突中，不管情况严不严重、事情重不重要。你最好请他们彼此沟通，信任他们能藉由内在的引导，化解彼此的冲突。这么做等于是给了他们一份重要的礼物，教他们学习健康的沟通，而你也帮助他们找到了自己的力量。

三角问题在一些教会里也很盛行。最近我听说，有位牧师向一位牧师说起另一位牧师带领教会的方式。滔滔不绝讲了几分钟之后，那位倾听的牧师（他一直保持沉默）按下了电话的扩音器，打给被毁谤的牧师："吉姆，我是杰瑞。我和麦克坐在这里，他正在分享他对你和你们教会的观感。我不想变成这三角问题里的一角，而我知道你一定很高兴听到他想分享的内容。所以，麦克，吉姆在听啰。"麦克目瞪口呆地坐着，满脸通红。那一刻，麦克清楚地收到了这个讯息：在背后议论别人是不正直的事；而杰瑞也设定了明确、严正的界线，确保自己不会再被卷入麦克的闲言闲语里。

这个故事解释了我为什么把闲话和抱怨放在一起谈论。我反对闲话吗？绝对没有。只要：

1.你说的话是恭维那个不在场的人。

2.那个不在场的人如果现身了，你也可以一字不漏地重复自己说的话。

如果你能遵守这两项简单的规则，就尽量说闲话吧！试试看吧——坦然不讳地说出："她穿得那么丑，不是很棒吗？"把这句话说得很正面，即使你知道它背后潜藏的讯息是批评。这都是同一回事。南方有句俗谚说："在堆肥上铺满糖衣也不能把它变成蛋糕。"如果你不会直接在那个人面前说，而且能让他感觉受到恭维，这些话就是闲话和抱怨。你的母亲说得对：如果你说不出什么好听话，就干脆闭上嘴巴。你不需要让这种能量散发出来，进入你的世界。

如果你是个平常就会说闲话的人，那你会发现，只说好听话赞美那些不在场的人，一点都不好玩。在今天的社会里，说闲话就像是在"挑虱卵"，也就是"吹毛求疵"。所谓的"挑虱卵"，就是要从头皮里挑出头虱的幼卵，而头虱最爱从一个人身上传给另一个人，所以不要随便乱挑，不然你可能会被传染。

觉得别人常在抱怨，是因为你也一样

我们说闲话或抱怨的主因之一，就是要让自己在相较之下，显得更为优秀。"至少我不像某某某那么糟。"当我指出你的缺点时，就是在暗示我没有这样的缺点，所以我比你优秀。

抱怨就是自夸，没有人会喜欢爱吹牛的人。

还有一个事实你也必须认清：你会注意到另一个人有这些缺点，是因为你自己也有。就像那些觉得"身边的人都满腹牢骚"而来索取紫手环的人，通常也都有惯性抱怨的倾向，你会发现自己对其他人的厌恶之处，就是你和他们的共同点，只是你对自己个性中的这一部分，还处于"无意识的无能"阶段。在另一个人身上注意到这个缺点，是宇宙指引你在自己身上认出它，并且加以修正的一种方式。如果你想指出某人的负面特质，就先挖掘看看，自己是否也有同样的倾向，然后要心怀感恩，庆幸自己有机会，能察觉这个缺点、并进行疗愈。

还有，请好好牢记这项推论，因为别人的优点（亦即你赞赏别人之处）会吸引你，也是基于同样的理由。你会在别人身上看到这些优点，是因为你自己也有，这也是你的特质。这些正面的特点可能潜伏着，但如果你聚焦于此，在自己身上认真寻找而且好好培育，你就会凭藉着专注力，让这些优点浮现出来。

你不只是通过思想和言语创造了自己的现实世界，同时也在影响着周遭的人。下次坐在观众席里，当大家开始鼓掌时，请注意一件事：如果掌声够长，每个人就会渐渐开始以同样的韵律拍起手来。他们会保持同步的节奏。这称之为"曳引"作用（entrainment）——人类在振动中会趋向和谐，若是无法达到和谐，振动就会消散。人们在鼓掌时能够"曳引"，掌声便有延长的倾向，反之则会停止。

这样的现象，在我对大批群众演讲时，已经证明过好几次。我没有告诉观众理由，只是要他们继续鼓掌，直到我请他们停下来为止。有时候，同步的现象顷刻就发生了；有时候则要等一两分钟，但最后一定会出现。掌声成为一种拍子、一种节奏：这一群人开始有韵律地鼓掌，就像是同步的人类节拍器——这就是曳引作用。

我母亲有四个姐妹，而她告诉我，她和阿姨的经期都是在每个月的同一时间。她们只是因为住在一起，生理上便有曳引的现象。当大阿姨离家上大学时，她的经期很快地就转而与室友契合；暑假返家时，又重新变得和姊妹们一样。人类的天性是曳引、是同步，会调整成与周遭相同的模式。

曳引正如地心引力，它也是一种原理。它不好也不坏，只是存在着；而且它也像地心引力，随时都在运行。你一直都会与周围的人们保持同步；你曳引着他们，他们也曳引着你。当你待在其他抱怨者身边时，你就会发现自己的抱怨也更多了。

察觉出你周遭有多少抱怨，有助于让你明白，你可能正藉由自身的参与而引来抱怨，然后发出抱怨。这都是你要转化人生必经的一部分过程。有时候，在你改变之际，你也会摆脱掉一些旧关系。当我进行二十一天的挑战时，我发现大部分时间自己都做得不错，唯独每次和一个老友说话，最后总是会口出怨言。有一次讲了十五分钟电话，我的手环换了四次，我于是对自己说："如果史考特不要那么消极，我就不会在我们交谈时，受到怂恿而抱怨。"下次我们说话时，我刻意努力地要让对话朝积极、正面的方向进行，却发现非常困难。我们之间其实没什么话好说。我发现我们的关系是建立在抱怨之上，而且我们都很好胜，想要"赢过"对方的牢骚。如果有"抱怨奥运会"，我们两个谁会得金牌还很难说呢。为了完成挑战，我不再接他的电话。我怀着优越感，对自己说道："都是史考特的错。"然而其他认识史考特的人，和他相处时都没有这种经验，他总是表现得欢欣、乐观和开朗。

好痛苦啊。

我必须承认是我的问题。是我的负面想法在喂养我们关系之中的怨言，所以在离开他的空档里，我努力让自己摆脱抱怨，而不是把错怪到他头上。

所以，检视现实的时刻到了。你会说自己最常相处的那些人，都经常在抱怨吗？如果是，那你的紫手环（或其他自我监控装置）怎么样了呢？你是否发现，自己表露不悦的次数，也超出了正常程度？你会习惯性地表达哀伤、痛苦或不满吗？没关系，如果是，那你很正常。但是，你可以比正常更好。你的内心想要变得更杰出，而我们可以一起达到这个目标。

想要别人改变，你得先以身作则

常有人问我："要怎么样才能让老板（或朋友、情人、配偶、孩子、员工等）不再抱怨？"答案是：你不能。但我不是在前一章里说过你能吗？是的。改变就是这样复杂而矛盾。你不能让另一个人改变。人们改变是因为他们自己想改变，而想要设法改变一个人，只会让他更紧守住现有的行为，不肯放弃。和大家分享我们南方的另一句传统俗谚："不要试图教猪唱歌，那只是浪费时间，还会惹猪很生气。"

被你惹毛的猪不会报名参加你开设的歌唱班。要激励其他人改变，富兰克林的结论是："最好的训诫就是以身作则。"而甘地是这么说的："我们必须活出想要让其他人效法的样子。"如果你想要其他人改变，你自己就必须先改变。我相信你有着最崇高的理由，才希望他们改变，但既然你也是这段关系里的参与者，就代表从某种程度而言，你在这沸沸扬扬的抱怨中也掺了一脚。

当老板、父母、牧师、教练或家庭里的长者来索取紫手环，想要改变他们所带领、照顾的人们，我经常忍不住放了张小纸条进去，写着："注意，除非你先开始，否则不会有效。"我确信，如果我没有坚持下去，证明连续二十一天不抱怨是可能做到的，这手环就会真像玛西雅所说的，又只是星期天的小玩意儿了。你若想引导某人改变，就要记得：领袖应该站在最前线，迎向边界、开疆拓路，让其他人追随身后。

俄国有一句老俗谚："想打扫全世界，就从打扫你家的门前阶开始。"我们寻求的改变从来无需"外求"——它是发生于我们的内在。我们的行为的确会影响世界，因为它会影响我们周遭的人们，而且这种影响力会扩散开来。

你也加入抱怨比赛了吗？

你可曾注意，当人们聚在一起，对话是怎么进行的吗？有人可能提到一本他们最近看的书，话题就转到书本上一阵子；如果提到的那本书是以露营为主题，对话可能就朝着交谈者喜爱或觉得刺激的露营旅行经验来发展。对话从一个主题晃到另一个主题，就像上世纪八十年代流行的电动玩具"青蛙过街"，里面的青蛙要越过溪流，会先跳上一块浮木，然后来到乌龟背上，接着再到另一块浮木。对话也沿着相似的路线移动，就像伟大的交响曲，会重复演奏特定的旋律，直到其中一种乐器发出微妙的转换，一整段新的旋律也随之开展。

酗酒者和吸毒者的勒戒文学写着："我们的疾病是与日俱进的。"抱怨也是。下次当你跟一群人在讲话，而有人开始抱怨时，就要特别注意了。当较劲的态势出现，抱怨就会变成一场竞技运动。讨论的语调会变成："这还不算什么，我告诉你……"话题就这么开始了。没有人故意要引导大家发牢骚，但是当每个人都想赢过其他人，觉得发生在自己身上的事才最倒霉，这场讨论就会逐渐变成比赛。

关于这样的现象，有个很好的例子可以说明——英国喜剧表演团体"巨蟒飞行马戏团"（Monty Python's Flying Circus）在一九七四年发行的专辑《皇家剧院现场演出》（Live at Drury Lane），其中有一个段子〈四个约克夏人〉就讽刺过这样的情形。

在这段短剧里，四位严谨优雅的约克夏绅士坐在一起，品尝着昂贵的红酒。他们的对话起初是积极而正面的，然后就微妙地转为消极而负面；随着时间进展，他们开始以抱怨来互相较劲，最后一发不可收拾。

刚开始，有一个人表示，几年前他能买得起一杯茶就算很好运了。第二个人想拼过第一个人，便说他能喝到一杯冰茶就算庆幸了。

抱怨的声浪加速蔓延，他们的论调迅即演变得荒唐可笑，每个人都试图证明，自己过的才是最艰困的生活。其中有位绅士一度谈到自己成长时所住的房子有多么破烂，第二个约克夏人则转动着眼珠子说道："房子！有房子住就很不错了呢！我们以前只住一个房间，一共有二十六个人，什么家具都没有，地板有一半不见了，我们怕掉下去，就挤成一团窝在角落里。"

哀鸣和抱怨就这样你来我往、持续不断……

"噢！你真幸运还有房间住呢，我们以前都住走廊！"

"喔，我们以前还梦想能住走廊呢！我们是住在垃圾场的旧水箱里。每天早上醒来，都有一堆臭鱼倒在我们身上。"

"呃，我说的'房子'只是地上的一个洞，用防水布盖住，这对我们来说就算是房子了。"

"我们还从地上的洞里被赶出来，只好住在干掉的湖洞里。"

"你有湖算幸运了，我们有一百五十个人住在马路中央的鞋柜里。"

最后，有一个角色在这场竞赛里胜出，他声称："我得在晚上十点钟起床——就是睡觉前半小时，然后喝一杯硫酸，在磨坊里每天工作二十九个小时，还要付钱给磨坊老板，请他准许我来上班。我们到家的时候，爸爸妈妈会把我们杀了，在我们的坟墓上跳舞，大唱'哈利路亚'。"

这是你想要赢得的抱怨比赛吗？那好，去吧，继续发牢骚，直到每个人都放弃，宣布你是全世界最厉害的抱怨鬼。胜利的奖品则是不快乐的人际关系，充斥着大惊小怪的情绪、健康的困挠、金钱的焦虑，以及其他数不清的问题。如果你对这些没兴趣，当你听到牢骚时，就不要涉入其中。大家在用言语曳引你，而你也在曳引他们。当你和其他人在一起，而你们的对话开始转换到负面内容时，只要往后一坐，好好观察就行。不要跃跃欲试或想去改变他人。如果有人问你为什么不抱怨，只要把紫手环给他们看，告诉他们你正在"接受训练"，成为一个不抱怨的人。

　　■长年抱怨的人最后可能被周围的人们放逐，因为他们发现自己的能量被这个抱怨者榨干了。

　　■你觉得身边都是一些爱发牢骚、怨声载道的人吗？我们都会去接近和自己相似的人，而走避互异之人，这代表你可能经常在抱怨，而且还不知道自己在抱怨。

　　■人类的天性是曳引、是同步，会调整成与周遭相同的模式。当你待在其他抱怨者身边时，就会发现自己的抱怨也更多了。

　　■你会吸引那些符合自己思想模式的事物，同时排斥不协调的事物；而你的言语将指明、强化自己的想法。所以当你抱怨时，其实就是在排斥、推开、驱逐自己指名想要的东西。

　　■如果你不敢直接在那个人面前说，而且能让他感觉受到恭维，这些话就是闲话和抱怨。

　　■我们说闲话或抱怨，可能是要让自己显得更优秀。当我指出你的缺点，就是在暗示我没有这样的缺点。抱怨就是自夸，没有人喜欢爱吹牛的人。

■你会说自己最常相处的人们都在抱怨吗？如果是，那你的紫手环怎么样了呢？你是否发现，自己表露的不悦也超出了正常程度？如果是，那你很正常，但你也能做得更好，一起来努力吧。

■健康的沟通是：直接找那个和你发生问题的人谈，而且只跟那个人谈。和另一个人谈就是抱怨；这会形成三角问题，也会继续制造问题，而非解决问题。

■如果你想指出某个人的负面特质，就先挖掘看看，自己是否也有同样的倾向，然后要心怀感恩，庆幸自己有机会察觉这个缺点并进行疗愈。

■如果你要其他人改变，自己就必须先开始改变。领袖要站在最前线开疆拓路，让其他人追随。

■如果你和人们的对话开始转换到负面内容，只要往后一坐，好好观察。不要跃跃欲试或想去改变他人。如果有人问你为什么不抱怨，只要秀出紫手环，告诉他们你正在"接受训练"，成为一个不抱怨的人。

觉醒时刻

我们碰上敌人了——就是我们自己。
——漫画人物"史努比"

给自己时间，别害怕重新开始

一名年轻的修道士加入一个要求谨守静默戒律的教团，所有人都要在修道院院长同意之下才能发言。将近五年之后，院长终于去找这位见习修士，对他说："你可以讲两个字。"修士字斟句酌，说了："床硬。"院长慎重考量之后，答道："很遗憾你的床不舒服。我们会看看能否帮你换张床。"

入院第十年，院长又来找这位年轻修士，说："你可以再讲两个字。"修士说："脚冷。"院长说："我们来看看可以怎么处理。"

在修士入院十五年时，院长又说了："你现在能再讲两个字。"

修士说："我走。"院长回答："这样说不定最好。自从你来之后，除了发牢骚，什么事也没做。"

就像这位年轻的修士，你可能不觉得自己常在抱怨，但现在你已经觉醒了，知道自己的确经常抱怨。我们都有过这样的经验：当我们把身体重心摆在某只手臂或腿上，维持不动地坐着、靠着或躺着一段时间，一旦我们转移重心，血液再冲回这处肢体时，便会麻痹且觉得刺痛。有时候这种刺痛很不舒服，甚至是痛苦的。当你开始察觉到自己抱怨的天性，也是同样的道理。如果你和多数人一样，那么你察觉到自己抱怨的频率之后，可能会很吃惊。没关系，继续移动手环，然后坚持下去，不要放弃。

请记住：我们关心的，只是我们讲出来的怨言。为了完成二十一天的挑战，我们只要努力杜绝说出口的怨言。如果你是在心里想倒无妨，那样不算数。不过你会发现，当你说出的怨言愈来愈少，心里制造的怨言也会同样减少。稍后我们会谈到这一点，现在只要把焦点放在说溜嘴的牢骚上。

让善心传出去

最近我去旅行时，恶劣的天气困住了好几个目的地机场，使得许多班机取消或延误。已经换搭其他班机的我，坐在登机门旁，看到柜台处那位不幸的航空公司代表正被众人炮轰。大家似乎认定天气不好、班机取消、还有他们遇到的各种衰事都是她的错，每个人轮流把自己的不幸归咎到她身上，我看得出来她快崩溃了。

这时，一个小灯泡在我脑海中亮了起来："有了！"我向来惯于顺从直觉，于是便站起身来，走到那排想给她难看的人龙中占了一个位子。我耐心等候着，终于站到她面前，她抬起疲惫的眼神看着我，额头因压力侵逼而皱了起来，她问："先生，我能为您服务吗？"

我说："能。"然后我请她在跟我说话时装出忙碌的样子。我告诉她，我来排队是要给她五分钟的休息时间！在她打字时

（我不知道她在打什么），我提醒她，当这些人都打算毁了她这一天，她的生命中还有其他真正关心她的人，她也有自己热爱的事物，能赋予她生命的意义，这些都远比今天在这里发生的事更重要。既然如此，此刻的一切就没什么大不了，也不该让她心烦。我们来来回回聊了几分钟，她则继续看似忙碌。

看她重新恢复冷静后，我知道她得回去工作了，我祝福她有很棒的一天，告诉她该服务下位客户了。她抬头看我，我看出她双眼中泛着微微的泪光。她说："非常感谢你。我真的不知道该怎么谢你。"我微笑着告诉她，感谢我的最佳方式就是：当她一有机会，就再将这份善心传递给另一个人。

——纽约州纽约市，哈利·塔克

请当心："有意识的无能"阶段，是我见过最多人放弃而故态复萌的阶段。人浪传到这里便停下来了，涟漪再也扩散不出去。我之前曾提过，我小时候严重肥胖，高三时终于甩掉一百多磅。当朋友问我，是什么饮食发挥这么强大的减肥功效，我都告诉他们："就是我持之以恒沿用的那种。"我试过几十种饮食法，最后终于固定采用其中一种，结果也很理想。所以，当你发现自己有多常抱怨，并觉得吃惊或发窘，也一样要坚持到底。我把手环拿下来，又重新开始。只需要这么做——一次又一次重新开始，移动你的手环。套用邱吉尔的说法："成功就是从失败到失败，也依然不改热情。"

我是个抛接杂耍的表演者——我不是在形容自己聪明绝顶，每天都这么忙，身兼数职还能应付自如，我真的是抛接杂耍表演者，这是我的嗜好。我是从一本书上学会怎么玩抛接杂耍的，这本书还附赠了三个方形沙包，里面装了压碎的胡桃壳，沙包形状与填充物的设计只为了一个目的，就是让它掉下来时不会滚动。而这些沙包隐含的重要讯息就是——它们是要被丢在地上的。

我会在女儿的学校集会和教会活动上表演抛接杂耍，却一向婉拒才艺表演的邀约。抛接杂耍不是才艺表演，而是技能。才艺要经由陶冶栽培才能臻于纯熟精湛，但技能是大多数人只要愿意投注时间，就能学会的事。我曾经教人玩抛接杂耍，而且我一向先拿不会滚的沙包给他们试，叫他们把沙包丢在地上。他们虽然摸不着头绪，还是照做了。我告诉他们："现在捡起来。"他们便捡起来。"现在再放掉。""捡起来。""放掉。""捡起来。"我们会这样来来回回做很多次，直到他们开始厌倦这整个练习为止。这时我会问："你真的想学吗？"如果他们说："想。"我会要他们习惯掉球和捡球，因为他们要先掉掉捡捡几千次，才会变得熟练。即使你已经累到不想再丢了，又气又恼、快要没辄了，还是要捡起来。继续捡球就对了，只有这样才能成功。

每当我新学一种抛接招数，就会重回掉掉捡捡的状态。我第一次学耍棒子时，我把一根棒子丢向空中，棒子的木头把手却重重敲到我的锁骨，打出了一道红肿的痕迹。我于是把棒子丢进衣柜，决定再也不学了。大约一年以后，我又把那些棒子挖出来重新尝试。现在我不只会耍棒子、还能耍刀子，连燃烧的火把也照耍不误。

只要愿意反复不断地捡球、捡棒子、捡刀子、捡火把——任何人都能学会抛接杂耍。要成为不抱怨的人，也是只有移动手环，一而再、再而三地重新开始……

你是在陈述事实，还是在抱怨？

你可能会纳闷："我所说的话，什么时候算是抱怨，什么时候又只是陈述事实呢？"

　　根据罗宾·柯瓦斯基博士的说法："一项特定的陈述是否反映出怨气……取决于说话者的内心是否感受到了不满。"抱怨与非抱怨陈述的用语可能是一模一样的，其间的区别则在于——你在话里传达的用意以及隐含的能量。在"有意识的无能"这个阶段，你就是要察觉自己所说的话；而且更重要的是，察觉这些话背后所隐含的能量。

　　在开始进行二十一天挑战，并且历经无数次重来之后的两个多月，我终于连续二十天没有抱怨——再一天就成功了！我已经看到终点线，就快逼近了。和家人吃晚饭时，我分享着当天发生的事，突然逮到自己说的话，不禁倒抽了一口气。"啊，糟糕，刚刚那样算是抱怨吗？"桂儿微笑着说："老公，你如果觉得不妥，那八成就是抱怨了。"我于是移动手环。我回到第一天了——再来一次。

　　你如果觉得不妥，那八成就是抱怨了。重新开始吧，请记得这和转化你的人生息息相关，不要急着超越这项经验。这不是赛跑，而是一种过程。

　　如果你希望某人或当前的情势有所改变，这就是抱怨。如果你希望一切有别于现况，这就是抱怨，而不只是陈述事实。我写这一段内容时，正坐在加州圣荷西的火车站里。我的火车预计在早上九点发车，现在已经是早上十点半，而我刚刚才得知，新的发车时间是中午十二点——慢了三个小时。你读了我刚刚写的内容，可能会以为我在抱怨。但我知道自己的能量是投注于当下的状态。我坐在火车月台上，享受着春天的早晨和肉桂茶，同时将我所热衷的一切分享给你。我非常快乐，充满了感激。火车晚发车真是莫大的祝福，让我能在美妙的环境里做自己喜爱的事。

嗯，那如果我不想等呢？说不定我大声抱怨，对售票员发脾气，或是尽可能对其他人发牢骚，就可以让发车的时间提早。这样有可能奏效，对吗？当然不对。但我们却时常看到这种行为。火车会在它该来的时候到站，而这就是最完美的时刻。

没有自信的人，想靠抱怨来逃避

最近我接受一家电台的晨间节目专访，有位播音员说："但我是靠抱怨来维生的——而且我靠抱怨赚来的薪水很高。"我说："好，那从一到十的等级来看，你有多快乐？"他顿了一拍之后，说道："有负数可算吗？"

抱怨可能在许多方面都对我们有益，甚至在财务上也不例外，但抱怨所带来的益处，却不包括快乐。

我们已经探讨过，我们之所以抱怨，是因为抱怨能衍生出社会上及心理上的益处。社会学家和心理学家的推论则是：我们也将抱怨当成是一种让自己显得更有鉴赏力的方法。例如：即使一家餐厅的菜色极优，还是会有人抱怨食物等级不足以达到他的标准。这是要让每个听到的人，都知道他的品味确实很高超。抱怨的人在宣告自己是美食的仲裁者，暗示自己过人的品味是源自于许多高级的用餐经验。就像洛尼·丹吉菲尔德（Rodney Dangerfield）在《疯狂高尔夫》（Caddy Shack）里的角色一样，他对高级的布希伍高球俱乐部侍者说："喂，你去告诉厨师，这是低等的狗食，我是有品味的人，这种伙食我看不上眼。"又来了——抱怨就是吹牛。

请扪心自问：自信又有安全感的人会吹牛吗？答案是不会。自尊自重的人，认同自己长处、接受自己弱点的人，悠然自得、不必透过他人目光来肯定自己的人——这些人都不会吹牛。他们的自我感觉良好，不需要告诉别人自己有多棒。同样地，他们也不需要抱怨，以藉此来取得神经质的益处。

在《懒人启蒙指南》（The Lazy Man's Guide to Enlightenment）中，塔迪亚斯·戈拉（Thaddeus Golas）的结论是："爱自己并非是要膨胀自我。所谓的本位主义，是指在你已经痛恨自己之后，还要证明自己是有价值的；而爱自己将消弭你的自我意识，你会觉得无需证明自己高人一等。"

没有安全感、质疑自己的重要性、不确定自我价值的人，才会吹牛和抱怨。他们会昭告自己的成就，希望看到听者眼中投射出赞赏的目光。他们也会抱怨自己遭逢的困难，以博取同情；或是把它当作藉口，以逃避自己向往却没有完成的目标。他们会抱怨，其实是因为自觉不配得到他们想要的东西。他们缺乏自我肯定，于是便藉由抱怨，把自己想要的东西推开。

你要知道：凡是你所渴望的东西，你都有资格得到。不要再找藉口，快朝梦想前进吧。如果你还在说些"男人都不敢给承诺"、"我们家每个人都是胖子"、"我手脚不协调"、"我的咨询顾问说我一辈子都一事无成"之类的话，那你就是让自己变成受害者。受害者不会成为胜利者，你必须要选择你想成为哪一种人。

抱怨就像艾皮斯坦（Epstein）的妈妈所写的纸条。还记得《柯老师，欢迎回来》（Welcome Back Kotter）（编注：上世纪七十年代美国热门电视剧，由约翰·特拉沃尔等主演）那部电视剧吗？艾皮斯坦是这部校园喜剧里的一个学生角色，他常常带纸条到学校，藉此逃避做某些事情。例如纸条上可能会写："艾皮斯坦今天不能考试，因为他熬了一整夜在研究癌症的疗法。"署名者则是艾皮斯坦的母亲。当然，这些纸条都是艾皮斯坦自己写来逃避考试和其他事情的。我们抱怨，是为了让自己脱身，以回避冒险和其他行动。这些怨言听起来合情合理，却都是薄弱的藉口，就像影集里的纸条，写的人其实就是拿出纸条的人——我们自己。

请你明白，我了解你也可能有过艰难、甚至不堪的经验，很多人都是一样。你可以无止尽地讲着自己的故事，坚称自己没有做错，不必对已然发生的一切承担什么，然后让它成为囿限你一生的藉口。或者，你也可以想想弹弓的原理。

是什么决定了弹弓上的石头能飞多远？答案是：看你把弹弓上的橡皮筋拉了多远。如果你研究成功人物的生平，会发现他们之所以成功，并不是排除了生命中的挑战，而是去面对生命中的挑战。他们接受发生在自己身上的一切，并藉此来帮助自己成长。他们不再向人人陈述自己受到多少委屈，而是开始寻找挑战中的祝福。而且你看，他们找到了。他们把橡皮筋往后拉得远远的，结果也就翱翔得更高、更远。

石头要从弹弓上飞出去，必须要先松开。你得放手。对于生命中的挑战和痛苦也是如此——放下这一切吧！

诚实面对情绪，安于自己的不安

我的第一任妻子莉丝离开我时，主要的原因之一就是我很没有安全感，这让她心力交瘁。我总是仰赖着她，向她寻求认同与肯定。如今我明白了，我是想以大嗓门、抱怨和批评他人，来弥补自己的不安。我不是告诉别人自己有多棒，就是批评其他人，让自己相形之下看来还不错。我其实很痛苦，而且又将这种痛苦转嫁给别人。记住：伤害者自己也是受伤的人。

我终于认真检视起"没有安全感"所代表的涵义——这是"有安全感"的反义词。有安全感代表对一切感到自在，并接受事物的原貌。多年来，我一直试图改变身边的一切，以成为一个有安全感的人。而现在我开始明白，"有安全感"就代表接受事物的原貌，而不是试图去改变它。我在这次经验中学到的最重要的体悟是：要摆脱不安，我就要安于自己的没有安全感。

我不再打压自己、替自己找藉口，或假借批评和抱怨将注意力转移到他人身上，而是去接受痛苦的不安感来袭，同时在这样的时刻支持自己。当我觉得不舒服、难过、软弱或不悦的时候（我经常这么觉得），就开始告诉自己："没关系，你就坦然接受自己的感觉，有这种感觉也没关系。"

真是奇迹啊！当我学会对自己的不安全感（不自在）有安全感（自在）时，我觉得不安的状况变少了，持续的时间也变短了。正如你不会批评别人有了正面的转变，你也不会批评自己有如此积极的进展。有时候，当我内在的声音实在忍不住要批评了，我就写起日记来一吐为快。然后我并没有争辩、回击，反而是赞美那个生气的声音所写下的东西："好小子，你攻击我的方法还真高明！我相信你攻击我，是因为你只想激发出我最好的一面。别客气，你可以随时表达自己的想法。"这些批评的想法找不到顽抗的对手，便消失无踪了。

我们的脑袋里，都有个麻烦的精灵，这个精灵就是谴责的声音。我想和我的精灵做朋友，而我一问，他才告诉我他叫席维斯特（Sylvester）。一提到席维斯特，我就把他想象成"兔宝宝"卡通里的"大嘴怪"。他是个急躁的家伙，成事不足、败事有余，在我的脑海里奔驰胡窜、制造混乱。当我企图平息他尖刻的言论时，他只会愈吼愈大声、愈刺耳。然而现在，我要鼓励他、称赞他。我说："要挑我毛病，你是最厉害的了。我知道你挑我的毛病，是因为你爱我。"当我这么说时，心中有个画面：席维斯特站在那里，一脸惊愕，不知所措。他茫茫然噘起了嘴唇，眼睛咕噜咕噜地转，完全陷入疑惑不解的无言状态。

以我个人而言，我永远感谢莉丝。她离开我就像是一种催化剂，让我必须展开这段探索的旅程。是这样的涤净作用，促使我去探究灵魂深处，让我能将学到的东西和全世界分享。莉丝，谢谢你。

不要为了让自己变得特别而抱怨。你要对事实有所觉醒：你已经很特别了。特别的定义包括有："独特、鲜明、有特殊的作用"。你很特别。没有一个人和你一模一样，以前没有、将来也不会有。没有人有你的眼睛、指纹、耳朵的形状，或是声音。你和你的DNA一样独特。科学家甚至说，世界上没人有你的气味，这够特别了吧？要说"无限"，你自己就是最完美的例子。你就是以人类形体现身的"神"。你独一无二，现在还有了不起的东西要带给这个世界，而且是只有你才能给予的。就算你可能会说自己不够完美，你也依然完美无瑕。

当我和席维斯特变成了朋友，我也开始爱自己以前痛恨的那些自我。我不把它们当成毛病，而是个人的癖好与习性——也就是让我之所以为我的东西。从前我还以为自己能有所改变，好让我能真正肯定自己，这样的想法实在愚不可及。总是在注意自己有什么不对劲，更是让我笃定能找到自己不对劲的地方——这个最根本的主题又出现了。

在我接下基督教会联盟的主任牧师一职后不久，有位女士拿来了一张清单，列出她不喜欢这个教会的地方。我为了树立好印象，也让新教友高兴，便在能力范围内改变了一些令她不满的事。然而，事后她并没有来对我说："谢谢，我现在对教会很满意。"反而又拿来另一张抱怨的清单。

当你表达出你不喜欢什么——无论是你自己、你的工作、家庭、健康、财务、教会，或是任何东西，你就会找到更多不满的对象和事物。记住：同类相吸。当你更加肯定自己、他人和你的人生景况时，你就会引来更多带给你乐趣的东西。

恐惧成功，就注定会失败

我第一次上《奥普拉秀》时，奥普拉问我："为什么人们会抱怨天气？再怎么抱怨也没办法改变啊。" 首先，我不敢说你不能改变天气。在你还没觉得我疯狂之前，我先告诉你一件事。几年前，我开始告诉朋友，我和上帝之间有个协定，就凭着这份协定，我一定会碰到好天气。去年夏天，我们在筹备一场大型的教会野餐活动，有个小组长想知道如果下雨了该怎么办。我说："不会下雨的。我和上帝之间有协定，我一定会碰到好天气。"

"好吧。"她迎合着我，"那万一下雨呢？"

我说："你没有听懂我的话——不会下雨的。如果我们说会下雨，那就会下雨，所以我们就别说了吧。"

好，如果你认为只是巧合也没关系，但那天的确没有下雨，我还是保持连胜纪录。而且我还没有抱怨喔。

先不谈我们是否能控制天气，我们又为什么要抱怨天气呢？
——因为安全，抱怨很安全。抱怨属于低能量层次的对话，不会威胁到彼此，因为你没有唤求他们进行更高层次的表达。

另一个抱怨很安全的理由，可能与神学及缺乏自尊的种族记忆有关。我们可能害怕神（或者说众神，因为这种恐惧始于多神时代）因为事情进展太顺利，而打击我们。

在赛珍珠（Pearl Buck）的杰作《大地》（The Good Earth）里，主人翁王龙是中国的一个农夫，他最大的渴望就是想生个儿子。在古代的中国，儿子都被当成是宝贝，而女儿只是伺候人的丫鬟，在嫁出去之前，还得供她们吃穿。生男孩会带来财富，但生女孩只会赔钱。

王龙喜出望外，因为妻子生了儿子。夫妻俩带着新生儿过街时，还把儿子盖起来，不让众神看见。他们说："只是普通的丫鬟，不是男孩儿。"他们害怕众神会带走儿子，因为他们不配有这样的好运，可以生个儿子。

因为我们看轻自己、缺乏安全感，加上成长过程中总是被灌输这样的思想："好景不常在。"所以我们相信，如果事情进展太顺利，神、宇宙——或是随你怎么称呼的那个东西，就会等着要打击我们。如果这是你的神学观，我尊重你的信仰。但对我而言，"神就是爱"和"神等着摧毁你"，这两者是无法并行的。我们恐惧上天的报应，于是担心自己如果说起一切进展顺利，最后可能就会变得很糟糕。其实，相反的状况才是事实——恐惧的字眼和言语，才会招致我们不想要的东西。

有个电脑术语叫"GIGO"，意思是指"垃圾进，垃圾出"（Garbage In, Garbage Out）。这是源自于电脑为中性的概念——电脑不具人格，只对下达的指令有所回应，如果你把"垃圾"（随便乱写的代码或指令）丢进去，那么出来的就是"垃圾"（乱七八糟的结果）。

我们的生命，则是呈现反向的事实：垃圾出，垃圾进。当你发牢骚、抱怨生活的一切（送出垃圾）时，你就会收回更多这样的困扰（收进垃圾）。值得庆幸的是，你已经在学着注意自己的言语，并且控制或重组自己的论点与措辞，以免让抱怨脱口而出。你已经开始转变，而且继续前进，迈向"有意识的有能"这个阶段了。

·不·抱·怨·观·念·

■抱怨与非抱怨的用语可能一模一样，其间的区别则在于——你在话里传达的用意和隐含的能量。如果你希望某人或当前的情势有所改变，让一切有别于现况，这就是抱怨，而不只是陈述事实。

■当你表达出不喜欢的一切，你就会找到更多不满的对象和事物。请记住：同类相吸。当你更加肯定自己、他人和你的人生景况时，你就会引来更多带给你喜乐的东西。

■没有安全感、质疑自己的重要性、不确定自我价值的人，才会吹牛和抱怨。他们自觉不配得到想要的东西，缺乏自我肯定，便藉由抱怨把自己想要的东西推开。

■我们恐惧上天的报应，于是担心自己如果说一切进展顺利，最后可能就会变得很糟糕。其实，恐惧的字眼和话语，才会招来我们不想要的东西。

■ "有意识的无能"是最多人放弃而又故态复萌的阶段。即使你发现自己有多常抱怨，并觉得吃惊或发窘时，也要坚持到底。你只需要——一次又一次重新开始，移动你的手环。

◖ "有安全感"就代表接受事物的原貌，而不是试图去改变它。要摆脱不安全感，就要安于自己的没有安全感。这些批评的想法找不到顽抗的对手，便消失无踪了。

■ 不要为了让自己变得特别而抱怨，你要对事实有所觉醒：你已经很特别了。你独一无二，现在还有了不起的东西要带给这个世界，而且是只有你才能给予的。

■ 凡是你所渴望的东西，你都有资格得到，快朝梦想前进吧。不要打压自己、替自己找藉口，或是假借批评和抱怨，将注意力转移。你应该要接受不安感来袭，同时在这样的时刻支持自己。

Part 3

有意识的有能

▶ 沉默与怨言
▶ 批评者与声援者

沉默与怨言

沉默比抱怨更有建设性

"有意识的有能"阶段是一个超级敏感的阶段。你开始会察觉到自己说的每一句话。你移动紫手环的频率愈来愈少，因为你说话十分谨慎。你现在说话正面多了，因为你开始会在还没说出口之前，就逮住那些话。你的紫手环已经从"让你发现自己正在抱怨的工具"，变成"你的话语在说出之前要先穿越的过滤器"。

一个接受不抱怨挑战的家庭告诉我，在"有意识的有能"阶段，晚饭时刻他们会坐在餐桌前，经常相对无语。在逐渐变得"不抱怨"的过程中，愈见延长的沉默期，对个人或家庭而言都是很典型的现象。你真的开始活出你母亲的建言："如果说不出什么好听话，就干脆闭上嘴巴。"

真诚的分享

不想抱怨，就沉默

我们收到了紫色手环，马上就发现自己的对话，都绕着讽刺、批评他人和彼此批评打转。我们不想移动紫手环重新开始，所以干脆就一两天不讲话，一直到我们搞清楚，彼此该怎么说话，才不会挟带着抱怨在其中。

——密苏里州堪萨斯市，金·马汀

有一度，我们曾经考虑在紫手环的索取量多到可以专门订制时，就把上头的"spirit"（精神；灵性）这个词拿掉。虽然我们的组织是教会，但我们把"不抱怨"活动视为是非宗教性质的人类转化运动；再者，也还有许多不同性质的团体及不同派别的教会参加。所以，我们不希望大家受限于宗教，而是要将这件事当成改善生活的方法，无论参与者是否隶属任何宗教团体。

后来，我发现"spirit"这个词，是来自于拉丁文"spiritus"，意指"气息"。在"有意识的有能"阶段，人充其量只能简单地做个深呼吸，而不是失控地将抱怨说出口。抱怨是一种习惯，而暂停一下吸口气，就能给自己一个机会，在说话时更小心地用字遣词。所以，我们留下了"spirit"，想作为提醒的媒介，提醒大家"深呼吸"，而不要"穷抱怨"。

沉默给了我们机会，让我们能出于更崇高的自我、而非人性的自我来说话。沉默是通往"无限"的桥梁，却也是让很多人感觉不自在的东西。我记得青少年时期，我们家是住在湖边，当时我会独自泛舟，到离家一英里远的小岛上露营。沉默给了我机会，和内在的自我重新联系。有一次，当我正要前往岛上小居时，我还记得父亲在岸边对着我大叫："威尔？"

"爸？"

"你要去哪里？""到康特岛那边露营。"

"你一个人去吗？""是。"

停顿了片刻，他又说："你要带一台用电池供电的电视去吗？"

"不用了，爸……谢谢。"

安静了一会儿，他又出声了："那收音机呢？"

"不用了，谢谢。"

我永远记得我爸爸是如何耸肩、转身，然后走回屋内。我爱我爸爸，但他不是很习惯沉默。他睡觉时甚至会把床前的大荧幕电视打开，听着它发出的喧嚣声而入眠。

如果你是喜欢祷告的人，"有意识的有能"阶段是提升你祷告深度的良机。你已经真的不想再移动手环，你或许还会希望先说一小段祈祷文，再开始说话。为自己寻求指引吧，让你说出来的话具有建设性，而非破坏性。如果无话可说，就保持沉默。以往我在推销电台广告时，曾经和一个话不多的人共事。和他熟了之后，我曾经问他为何这么安静，他告诉我："这样会让人以为我比较聪明。"如果你什么也不说，大家至少还会赞扬你聪明；当我们说个不停时，不但不会让自己的言论听起来很睿智，反而只是显示自己不够自在，片刻都无法忍受让沉默来掌控局面。

要知道结识的某个人对自己而言是否很特别，有一个测试方法，就是看看我们可以和这个人不说话相处的时间有多久。我们只是安于他们的存在，享受着他们的陪伴。一大堆无心的闲扯并不会增进我们的相处品质，反而会糟蹋了这段共度的时光。喋喋不休只是在对你周遭的人们发送一个讯息：你觉得不自在。

沉默能让你自省反思、慎选措辞，让你说出你希望能传送创造性能量的言论，而不是任由不安驱使你发出又臭又长的牢骚。

我们收到了一封国防部五角大厦的中校寄来的电子邮件，描述了他所经历的这个不抱怨阶段：

...... 真诚的分享 ....

紫手环让我们更加同心协力

快速报告一下我们的现况。十二个手环已悉数分发给我的同事们，有位女生（她一向安静低调）进展得很不错，我想她的记录其实已经迈入二位数了。然而，其他人都发现，这件事要比想象中困难得多。不过这已经对我们产生了很重要的作用……当我们抱怨时，我们知道自己在抱怨，就会先暂停，移动手环，用更正面的措辞重新发言。我甚至连一整天不抱怨都还做不到，但我看得出来，这是强而有力的沟通工具，有助于办公室成员的同心协力。

当我们抱怨时，可以自我解嘲，然后彼此挑战对方要找出更好的方法。等到有人达成目标时，我会再写信来报告最新状况。（每个人都摩拳擦掌，要把这项挑战推介给更多五角大厦的员工，我们正在进步中。）祝空军节愉快！

——凯西·哈佛斯塔

抱怨的字眼在预言坏事的降临

我之前提过，抱怨时用的字眼，经常和非抱怨的字眼相同；是你的意图和背后隐含的能量，决定了你是否在抱怨。所以，你要开始注意自己有多常说以下这些话，又是在什么情况下说的：

- "当然会这样！"
- "难道你不知道吗？"
- "我只是运气好！"

● "我总会碰上这种事！"

当事情不太对劲，而你说："当然会这样！"或"难道你不知道吗？"就是在传送这样的讯息：你在等待坏事的降临。这个世界听见了，就会带来更多坏事给你。

当我第一次决定认真留意自己的言论，同时明白这些话是在反映我的想法，而想法将造就我的现实生活。我还记得那时的情景：我正开着我太太那辆二十年的小卡车，运回一些我放在仓库里的东西。桂儿的这部 F-150 老车的引擎已经跑了几百英里，所以每开二十英里大约要用掉一加仑的油！我们时常替这辆老卡车加油，同时也会在后车厢放一箱油，以备不时之需。

当我启程展开一百多英里的旅途时，我确定油箱已加满了油，还邀请我们家的狗吉布森跳上前座，和我一起作伴。吉布森是一只澳洲牧羊犬，这个名字是桂儿帮他取的——桂儿说，如果有哪个澳洲人要睡在她的床脚边，她希望是电影明星梅尔·吉布森。

我们花了好几个钟头，才从南卡罗来纳州艾纳市的家开到曼宁市的仓库，再把物品装上车。回程时，我决定走捷径，朝葛利里镇的方向行驶。我以前住在曼宁，对通往葛利里镇的路很熟。

其实，我以前常在周末骑单车到葛利里镇，然后再骑回来，当成是运动。那条路约有十三英里，车辆并不多。

太阳开始西下时，"引擎故障灯"亮了。那一刻，我的思考模式照理说应该是："糟糕！有麻烦了。"但是，我反而转身对吉布森说："会有办法解决的。"内心里，我觉得自己可能有点脑子进水吧——就像我说的，我对这条路很熟，这十三英里路上只有十来户人家，而我又没带手机。

卡车苟延残喘着继续走了一英里多，引擎才完全停止运转。"会有办法解决的。"我说着，努力让语气听起来笃定而自信。卡车开始慢了下来，最后终于停在这条路上少数几处人家的某一户门前。"当然会这样！"我说着，庆幸于当前的发展，但仍对我们竟如此幸运而惊讶。我心想："或许会有人在家，让我借用电话。我可以打给桂儿，她就能来接我。"然后我又想起卡车里装满了东西，而忖度着："我最好今晚就开车回家，不要把这些东西留在路边。我不知道问题会怎么解决，但我要相信可以解决。"

请记得，这不是我处理类似问题的一贯作风。以前，我会直接下车，说不定还会做些"有帮助"的事，像是咒骂和踢轮胎。但是这一次，我反而闭上了眼睛，在脑海中看着我和吉布森慢慢地驶进家里的车库。在我想象的画面中，那时候是傍晚（和当时的时间一样），而我穿着和当时一样的衣服。我先让自己安静地稍坐片刻，好好吸收这幅画面，再走向那户人家，按下门铃。

当我听到屋里传出骚动的人声时，我又说了一次："当然会这样！"确定这一户（这是数英里路来我唯一看见的屋子）有人在家，而且是我的卡车在他们家门口抛锚的时候在家。一名男子前来应门，同时自我介绍。当我解释我的卡车抛锚了，并询问能否借用电话时，他在黑暗中眯着眼睛，朝卡车所在处打量着，问道："你开的是什么卡车？"我说："福特。"他微笑着说："我是福特卡车经销商的维修主管。我去拿工具来看看。"

他去拿工具时，我又说了："当然会这样！"问题就要解决了。

我拿着手电筒，而我的新朋友在引擎盖下敲敲打打了十五分钟，终于转身说："是你的燃料系统不太对劲。你需要换个小零件，只要一两块美金就有了，可是我家里没有这种零件。"他继续说："不过这主要是管线问题，倒不是机械性故障。"

我说："没关系。那我可以借用一下电话吗？"他说："呃，你的问题出在管线，而我爸正好从肯塔基州来看我，他是管线工人。我去叫他。"

他进屋里去叫他父亲时，我搓了搓吉布森，兴奋地笑道："当然会这样！"几分钟之后，他父亲诊断出问题："你需要一根约三寸长、四分之一寸宽的管子。""就像这样吗？"他从自己的工具箱里拿出一根尺寸刚好的管子。"就是这个！"父亲说，"你在哪里找到的？"儿子说："我也不知道是哪儿来的。一个月前，我在工作台上发现这管子，就把它丢进工具箱里，以备不时之需。"

"当然会这样！"

没多久，我和吉布森又上路了。"真是难得的经验！"我对吉布森说。一切都解决了。就在那一刻——加油灯竟突然亮了起来了。我们停留太久，耗尽了卡车的油，油量低得危险。四处都不见人家，我开始有点担忧，然后又赶快阻断这样的思绪，大声说："问题已经解决过一次了，这次一定也没事的！"我一边开车，再次想象我和吉布森当晚能平安地把卡车开进家里的车库。

转弯进入葛利里镇时，我开往当时镇上唯一的加油站。当我把卡车开进站里，老板正在锁门准备打烊了。"需要帮忙吗？"他问。"我需要油。"我说。他重新打开加油站的照明设备，说："需要什么自己来吧。"我把两手伸进裤子口袋，掏出身上带的所有钱。以当时卡车吃油的速率，可能需要加四夸脱（译注：近四公升）的油才能到家，而我身上只有四块半美金。我于是抓起两夸脱（我手边的钱只能买这么多）的汽油，放在柜台上。

"你有没有看到另一个牌子？"老板问我。我说："没有。"他走向陈列架，我跟在他身后。"找到了。"他说。"这个牌子很不错——我觉得比你拿的那种更好，可是我以后不进货了，所以今天特价，只要五折。"我努力保持镇定，以免露出欣喜若狂的模样。我把四夸脱的油抱进怀里，走向柜台。当天晚上十一点十七分，我和吉布森平安地回到了家里的车库。

"当然会这样！"

抱怨不是让你如愿的万灵丹

大家常问我的一个问题是："难道你不需要先抱怨，才能得到想要的东西吗？"其实，你可以好好表达自己的期许，而不需要抱怨现况，来获取你想要的结果。

几天前我的手机响了，来电显示是"不明号码"。当时我正在忙，没有接电话，打来的人也没有留言。接下来，几乎每隔一小时，我都接到同样的"不明号码"打来、却又不留言的电话。最后，我终于接到了这通"不明号码"来电，听到电信公司的语音留言："这是要通知玛丽·强森（非真名）的重要讯息……如果你是玛丽，请按1；如果不是，请按3。"

我按了3，心想电信公司应该会发现他们打错号码，就不会再有这些来电了。但他们还是没发现。电话几乎每小时响一次，都是"不明号码"打来的；而当我接起电话，又听到同样友善的语音留言。我不断按3，来电却依然没有停止。

人都会犯错。我知道我也会犯错，而所谓的公司，只是一大群想尽力做好事情的人们。在过了好几天每小时都有固定来电的日子后，我打给电信公司解释这样的状况，而他们也确保会处理。但是，来电还是持续不断。

在我尚未展开二十一天不抱怨的挑战时，我可能会再打给电信公司，要负责的主管来接听，臭骂那可怜的家伙一顿。此外，我还会告诉每个我接触到的人，说这简直是乱七八糟、太不合理了，让我深感不便与干扰。

然而，这次我再打了一通电话对客服人员说："我知道出错是难免的，我也知道这不是你的错。但是我应该不会再接到贵公司的电话了才对，而我也愿意和你配合，直到我们发现问题出在哪里，而且一起解决。"不到十分钟，她就发现症结所在（他们把我的号码当成那个人的号码，而输入电脑），来电于是停止了。

我不必让血压蹿高或大发雷霆，就能得到想要的结果。我也没有向朋友、同事和家人发牢骚，把他们牵扯进来。我反而是找了个可以帮助我的人，解释我想要什么，而且锁定真正的焦点。

你有权利得到你应得的。要达到这个目的，就不要一直谈论这个问题，或是把注意力完全放在上面。你应该要从更高的层次来思量问题，看着它被解决。只要谈你的渴望，只要和可以提供解决方案的人谈。你会缩短等待的时间，让你的需求更快被满足，在这段过程中也会更快乐。

预想美好的未来，是促成进步的动力

"但是，我们国家每一项伟大的事件，都是起源于抱怨……你看看托马斯·杰弗逊（编注：美国独立宣言起草人和开国元勋）和马丁·路德·金博士（编注：美国黑人民权运动领袖）！"我收到的一封电子邮件这样说道。就某方面来说，我同意这位女士所言。迈向进步的第一步就是不满。但如果我们只停留在不满的阶段，就永远无法前进，迎向更光明的远景。那些觉得抱怨是理所当然的人，哪里也到不了，只会在同一个不快乐的出发点原地打转。我们的焦点必须要放在我们希望发生的结果上，而不是我们不要的事情。

美国历史上的伟大领袖们，都是很会抱怨的人吗？这一点我必须否认。这些重要人物让不满驱策着他们去勾勒美好的远景，而他们对这番远景的热情，又激励了其他人前来追随。他们全神贯注地展望更光明的未来，让全国的人心也跟着雀跃、振奋。他们转化了全国的意识，结果也转化了我们的未来，至于他们采取的方法，约翰·肯尼迪做了最好的总结："有些人是看到当前的现况，然后问为什么会这样？我则是梦想着未曾出现的景象，然后问为什么不是那样？"

一九六三年八月二十八日，马丁·路德·金牧师并没有站在林肯纪念堂的台阶上说："我们遭受这样的待遇是不是很惨？"他没有。他发表的演说撼动全美国人的灵魂，即使相隔将近半世纪听来，仍让人感动得热泪盈眶。他没有把焦点放在问题上，而是超越了问题本身，建立更宏观的格局，发出这样的宣示："我有一个梦想！"他在我们的心中创造出栩栩如生的画面，那是个没有种族歧视的世界。他曾经"到达那山巅"，而他铿锵有力、激励人心的话语，也带着我们和他一起攻顶。

托马斯·杰弗逊在《独立宣言》中，清楚陈述了众殖民地在大英帝国统治下所遭逢的挑战。然而，他所起草的文件（一七七六年七月四日签署）并不是一连串冗长的牢骚。如果是，这份文件大概也就不会攫获全世界的想象力，并得到其他国家的支持，因而一统殖民地了。

《美国独立宣言》的第一段写着："在人类事务的发展过程中，当一个民族必须解除和另一个民族之间的政治联系，并在世界各国之间，本着自然法则和上帝赋予的权利，主张独立和平等的地位时……"

暂时想象你自己是这十三个殖民地的居民，试着去理解这个概念："本着自然法则和上帝赋予的权利，主张独立和平等的地位。"在杰弗逊起草这篇宣言时，英国是全世界最大的超级强权，而他只是毫不夸大地冷静直陈，这些羽翼未丰、组成纷杂的殖民地，和这头政治巨兽是"平等并存"的。你可能听见了殖民地人民为如此言论所发出的集体惊呼声，随之而起的则是满涨的自尊和热忱。他们怎能渴求这种遥不可及的理想，希望和英国平起平坐呢？因为这是"本着自然法则和上帝赋予的权利"。这不是抱怨，这是梦想着美好未来的坚定远见。这也是超越问题本身，从更高的层次来思量。

罗莎·帕克（Rosa Parks）（编注：美国黑人民权运动家，一九五五年因拒绝在公车上让座给白人，而激发黑人联合拒搭公车的大型群众活动。）并没有坐在公车后面几排，向每个人抱怨自己必须坐在这里是很不公平的；她的做法是无视于肤色，和其他人一样，坐在她原本就坐着的地方。她不但超越了问题本身来思考，更以身作则实行了解决方案。

我也有一个梦想，希望在现世中会出现这样有远见的先知。我记得这辈子最常听见的新闻，就是聚焦于中东局势的"和平谈判"。我听过这些"和平谈判"讨论的内容，感觉上似乎更像"战争谈判"或是"如果你们停止这样做，我就不会再这样谈了"。美国总统召聚了所有中东领袖，试图让他们调解彼此的差异，但这些谈判的焦点一直都放在"差异"之上，因此就我个人看来，他们的进展始终是微乎其微。

如果在这些"和平谈判"中，领袖们聚在一起讨论的是"彼此若能消弭嫌隙将会怎样"呢？如果他们能共同建立一个集体的梦想，实现和平共处、互相体谅的目标呢？当这种真正的"和平谈判"发生时，规则就变得很简单了。他们不会再去谈论现在怎么样、或是过去发生什么事，所有的焦点都只会锁定在：当彼此不再针锋相对时将会怎样。他们可能会问："我们之间的和平，看起来、听起来、闻起来、感觉起来是什么样子？当战争和异议对我们来说，已成为遥不可及的记忆，是必须查阅史书才能知晓的过往情景时，又会怎样？"

这些谈判的焦点只会锁定在众人冀望的结果之上——也就是和平。就只是这样。这些谈判完全不会提到"如何"，"我们如何做到"的问题，从一开始就会被所有人禁止。一旦双方试图要找出如何达成和谐共存的方法，关于地理疆界、补偿报酬、撤军限武、文化与信仰差异，以及各种对立的观点，只会将他们的注意力再度转移回当前的议题上。而这样的焦点，将使他们继续陷身于这些问题的泥淖。

林肯曾经说过："摧毁敌人最好的方法，就是把他变成朋友。"要达到这种转变的第一步,就是从内心开始做起。而我们的言语,会把我们的思想内容告诉这个世界。

快乐或悲伤,由你的言语来决定

当你正在历经"有意识的有能"这个阶段时,你如果使用了"当然会这样!"、"难道你不知道吗?"、"我只是运气好!"、"我总会碰上这种事!"这些措辞也没关系,但只能在你认为的好事发生时才用。当事情进展顺利时,把这些话当成是你感恩的赞叹之语。

我有个朋友总是说:"我是全世界最幸运的人——我遇上任何事都能迎刃而解。"他有貌美的太太和圆满的家庭,他的事业成功,年届三十就成为百万富翁,身体也十分健康。你可能会说他只是运气好,他自己也同意;但我会说,是他相信自己幸运的信念,让他变得如此幸运。所以,何不试试对他有效的这个方法呢?当你诸事顺遂时,不管是多么鸡毛蒜皮的小事,都要记得说:"当然会这样!"

　　我们的言语有着强大的力量。当我们改变嘴里说出来的话，就会开始改变自己的人生。大约一年前，我在州际公路的内侧超车道上开车，我的时速要超过速限好几英里。在我前面的是一台轿式休旅车，时速大约比速限慢了十英里。我心里开始嘀咕起来："如果要开得比速限慢，他难道不知道要走外侧车道，让其他人先过吗？"几天后，我又上了超车道，前面还是一个小心翼翼的驾驶者，开车时速比速限慢了不少。我发现那名驾驶者开的又是轿式休旅车，而这次我忍不住大发牢骚，认为这种做法实在太不为别人着想了。

　　几天后，我载着桂儿、莉亚一起上路时，又被左侧车道一个开得比速限慢的驾驶者给拖慢了速度——你猜到了吧，又是一台轿式休旅车。这次我则是向家人大声抱怨。随后的几周，这种状况一直反复出现，每次都是轿式休旅车惹的祸。我开始注意到车上有着某些记号或贴纸的轿式休旅车驾驶人，都是最恶劣的违规者。这些人成了我的眼中钉，我会向认识的每个人提及此事。我觉得这很有趣，只是一种巧妙的观察结论，但我也的确注意到，这种事发生的频率愈来愈高了。最后，我开始明白，是我自己判定"轿式休旅车的驾驶者，都是没礼貌又妨碍交通"的。因为我相信这个判定，所以这种事就落到我头上，而且几乎每次开车时都屡试不爽。

我想找另一种方法重新诠释这项观察，于是想到了美式赛车（NASCAR）。在美式赛车的赛程中，如果是有事故或危险发生，就会有一台定速车上场，让所有参赛者减速慢行。这些车手必须跟在定速车后面，直到前方的危险清除，再次恢复安全状态。"如果轿式休旅车是州际公路上的定速车呢？"我心想。或许轿式休旅车是要让我减速，才不会拿到罚单，甚至是发生车祸，不然就更惨了。之后，每当我在左侧超车道上碰到慢吞吞的轿式休旅车，我就开始感谢他们，称它们为"定速车"。这变成我的惯性反应，我根本忘了它们还有另一种名称，而一律用"定速车"称呼它们。"啊，前面有一辆定速车，"我会告诉家人，"我们最好减速慢行。"

有趣的是，当我改变了对轿式休旅车的称呼，我也开始感激它们让我能减速慢行，而我也发现，自己很少被堵在超车道上了。如今，我在通勤途中几乎很少被轿式休旅车拖慢速度，即使真的碰上了，我也会对它们表达谢意。

改变自己对轿式休旅车的看法，并赞扬它们为定速车之后，我就改变了它们对我的意义；它们也变成一种礼物，而非障碍。如果你开始采用可以激发心中正向能量的命名，来称呼生命中的人事物，你就会发现，他们再也不会让你烦心，还会给你实质的助益。改变你的措辞，看着自己的生命随之改变吧。例如：

不要说……	试着说……
问题	机会
必须	可以
挫折	挑战
敌人	朋友
眼中钉	老师
痛苦	信号
我要求	我会感激
抱怨	请求
磨难	旅程
你做的好事	我创造的好事

试试看吧。刚开始可能会觉得有点困难，但是请仔细观察，

它是如何改变了你对人事物的看法。当你改变用语时，景况也会跟着改变。

你可以创造自己渴望的人生。在成长的过程中，我始终相信：当我们死去的时候，如果幸运，就会进天堂。有一天在读圣经时，一句话光照了我："天国近了。"而我开始这样猜想："或许我已经死了，而这里就是天堂。"我思索着，想起英国文豪弥尔顿的名言："境由心生，心可以使天堂沦为地狱，让地狱变成天堂。"或许这里就是天堂——要不然，至少我可以让它变成天堂。

向别人问起近来可好时，我曾听过有些人语带嘲讽地呻吟道："真是快活似神仙呢。"我决定把这句话，当成是自己对这个问题的真心回应。当有人向我问好时，我会不带嘲讽、诚心诚意地回复："真是快活似神仙呢。"起初我感觉不太自在，但现在这已是我不假思索的答案了。我注意到这句话让其他人露出了灿烂的微笑，同时也提醒着我，当下我就可以决定自己要快乐、还是悲伤，要置身天堂、还是坠落地狱。

你可以选择自己的言语，创造自己想过的生活。

做出明智的选择吧。

■喋喋不休只是在对你周遭的人们发送一个讯息：你觉得不自在，无法忍受让沉默来掌控局面。沉默能让你自省反思、慎选措辞，让你说出希望能传送创造性能量的言论，而非由不安驱使你发出又臭又长的牢骚。

■当事情不太对劲，而你说："当然会这样！"或"难道你不知道吗？"你就是在传送这样的讯息：你在等待坏事的降临。这个世界听见了，就会带来更多坏事给你。

■你有权利得到你应得的。要达到这个目的，就不要一直谈论这个问题，或是把注意力完全放在上头。你应该要从更高的层次来思量问题，看着它被解决。

■那些觉得抱怨是理所当然的人，哪里也到不了，只会在同一个不快乐的出发点原地打转。我们的焦点必须要放在我们希望发生的结果上，而不是我们不要的事情。

·不·抱·怨·行·动·

■在"有意识的有能"阶段，人顶多只能简单地做个深呼吸，而不是失控地将抱怨说出口。抱怨是一种习惯，暂停一下吸口气，就能给自己一个机会，在说话时更小心用字遣词。说出来的话要具有建设性，如果无话可说，就保持沉默。

■你可以好好表达自己的期许，而不需要抱怨现况来获取想要的结果。只要谈你的渴望，只要和可以提供解决方案的人谈。你会缩短等待的时间，让你的需求更快被满足，也更快乐。

■"当然会这样！"、"难道你不知道吗？"、"我只是运气好！"、"我总会碰上这种事！"这些措辞，只能在你认为的好事发生时才用，把它们当成是你感恩一切进展顺利的赞叹之语。

■采用可以激发心中正向能量的命名，来称呼生命中的人事物，这样他们就不会再让你烦心，还会给你实质的助益。

批评者与声援者

批评要比养成技艺更容易。
——希腊画家邱克西

批评无法消弭问题，反而会扩大事端

批评是带着利刃的抱怨，通常是针对某人而发出，意图贬低此人。有些人认为批评能有效地改变另一个人的行为，其实，批评倒是比较可能造成反效果。我在第一章提过，我和家人住在弯道边，而令人难过的是，我家的狗金吉尔就在弯道上被撞死了。由于我们家离速限从二十五英里变成五十五英里的交接处并不远，所以车子驶过我家门前时，通常都是速度飞快，而我对这一点非常感冒，尤其是金吉尔去世之后。

真诚的分享

我不要再加入抱怨的行列

我做得很不错，渐渐不会抱怨了。我之前一连多天都通过考验，同时也发现它正在改变我的人生。我先生坚持要我停止，他说我和他相处时，不再像从前那么有意思了。我想是他认为抱怨很好玩，而我却不再加入他的行列、卷进他的牢骚了。 这让我觉得很难过。

——佚名

通常，车子疾驶而过时，我都是开着除草机在割草。我会对驾驶人大喊"开慢一点"，有时候则不只大喊，还会挥动手臂，想叫他们不要开快车。让我愈来愈火大的是，我发现他们几乎很少减速，还在飞车行经时别过头去不看我。有一辆黄色的跑车最可恶，无论我怎么高声尖叫、用力挥手，那个年轻女郎还是在我家门前危险地飞速疾驶。

　　有一天，我在后院割草，桂儿在前面种花，我注意到那辆黄色的跑车逐渐驶近，速度飞快依旧。我什么也没做，因为我觉得不管用什么办法叫她减速，都是白费力气。然而，当车子经过我家门前时，我注意到刹车灯亮了一下，车速放慢到了安全程度。我很惊讶，这是我第一次看到这部跑车不是以要命的速度呼啸而过。我还注意到那个看来总是沉着脸的年轻女郎在微笑。在好奇心驱使下，我关掉除草机，走到前院问桂儿，究竟发生了什么事，而让那个女人减速。桂儿头也不抬地说道："很简单啊，我只是微笑，对她挥手。"我说："什么?"桂儿说："我对她微笑，把她当成老朋友一样对她挥手，她也对我微笑，车速就慢下来了。"

　　连月以来，我试图用批评这个女人的方式让她减速慢行。我想要让她知道，她这样开快车是错的。桂儿则用善意对待她，而她也回应以善意。我仔细想想，觉得这很合情合理。开车经过的女郎可能被除草机的声音干扰，而没有听到我的抨击，我的手势也可能只是让我看起来很蠢。对她而言，我是一个坐在除草机上发脾气的家伙，难怪她想避开眼神接触，急忙驶过。相反地，桂儿看起来则像是待她如友的和善邻居。我之前都在批评，而桂儿却以正面肯定的方式对待她。我再也没有见过那辆黄色跑车从家门前飞速驶过，反而总是减到安全速度，直到过了我们家附近才又加速。

没有人喜欢被批评。而且我们的批评往往只会扩大、却不会消弭被我们批评的事端。"批评"的意思，就是去找出某人或某事的缺点和毛病。当我们批评某人时，他们会觉得有必要为自己的行为辩解。当人们觉得遭受不公平的待遇，就会据理力争。对他们而言，批评是不公平的，所以就会竭尽所能地反击。在这个例子里，当我对年轻女郎大吼时，她便继续加速，以作为一种辩解的手段，伸张她有加速的权利。还有一种可爱又有效多了的方法，能让她减速，而桂儿已经做了示范给我看。

杰出的领导者都知道，人们对于欣赏的回应，要远比对批评的回应更为热烈。欣赏能激励人们表现优越，以获得更多赏识；批评则使人耗损，当我们贬低别人时，其实也是在默许此人往后依然故我。例如，如果我们批评某人懒散，当他们和我们接触时，便会接受自己是懒散的事实；这等于给了他们默许的权利，可以表现出与"懒散"这个标签相称的举动，懒散的行为便会反复出现。

每个人共有的头号需要，就是获得认可、受到重视，能感觉到自身的重要。即使我们天性内向，也还是需要他人的注意，特别是我们视之为重要的人。即使这种注意是负面的，像是批评，我们也会重复同样的行为，以获得自己心中渴求的注意。这种行为鲜少是有意识地发生，而是在不加思索下完成的。我们都喜欢被注意，也会以各种方式去取得注意。如果这种注意带有批评意味，我们则会向下修正，以达到批评者的负面期望。

注意会驱动行为。我再说一次——"注意会驱动行为。"我们大概都觉得，应该是行为在引发注意，其实不然。如果我们批评某人，就等于在诱使我们所批评的一切继续发生。这对你的配偶、孩子、员工和朋友皆然。在萧伯纳的剧作《窈窕淑女》中，卖花女曾对上校解释过这个现象："你看，说真格的，除了大家都学得来的事（服装仪容和说话得体），淑女和卖花女的差别不在于举止行为，而是在于别人怎么对待她。我对教授而言永远是卖花女，因为他总是以对待卖花女的方式对我，也永远都会这样做；但我知道，对你而言我可以是淑女，因为你总是以对待淑女的方式对我，也永远都会这样做。"

每个人创造自己生活的力量都非常可观，远超过我们所能想象。我们对他人的观感，决定了他们在我们面前会呈现出什么样貌，以及我们与他们之间的关系。我们的言语会让对方知道，我们对他和他的行为有着什么期望。如果言语中带有批评，他的行为就会如实地反映我们所批判的内容。

我们都知道有些父母，只会注意孩子不理想的表现，而不去赞赏他们所拿到的好分数。当孩子把得了四个A和一个C的成绩单带回家，父母会说："怎么会拿C？"父母注意的焦点，就只是那一个普通的分数，而不是其他四笔优异的成绩。不久前，我女儿莉亚的成绩开始退步，而我和桂儿便把注意力放在那些难看的成绩上，企图驱策她进步。让我们惊讶的是，她的其他科目成绩反而也开始退步了。所幸我和桂儿及时领悟过来，她的成绩就只是"她的"成绩。我们开始称赞她在哪些科目上表现优异，然后只是问她满不满意自己的成绩单。如果莉亚说："满意。"即使她的成绩低于我们认为她应该达到的标准，我们也不会干涉。没多久，她的成绩就逐渐好转了，到现在已经好几年都全部拿A。

批评，也可能是一种自夸

"我的工作就是抱怨和批判。"我曾听一些媒体人这么说，让我觉得很难过。我在大学念的是广播新闻，而我所学到的记者职责，就是报导真相、说明正在发生的事。但有些媒体似乎觉得，他们的工作是用鞭子狠狠地抽打别人。这么做是为了让人收听新闻或购买报纸，讲求的是收视率和营业额。大众应该要取得资讯，而不是受到操控，这是非常重要的。但批评却常被用来当成是左右他人、影响他人的方法。

我不是指我们不应该有影评、书评和剧评人。好的批评者（我比较偏爱"评论"一词）可以为我们省下时间和金钱，让我们知道一部电影、一本书或一部戏，是否值得去看。事实上，我发现有位影评人喜欢的电影和我的偏好颇为接近，既然他的工作就是看遍所有的电影，再加以报导，所以我认为他的评论很有用，也很信任他。在阅读评论时，我们都看得出来这个人是在评论、还是批评。昨天晚餐时，我读到本周上映的一部新片的评论，那位影评人引用了一大堆晦涩冗长的字眼和圈内人才懂的电影资料，却绝少述及电影本身的相关内容，就好像只是在说："你看我有多聪明？"

批评就像其他的抱怨，也可能是一种吹牛、自夸的形式，等于在表示："我的品味绝佳，你们提供的根本不能看。"看过

《全民情敌》（Hitch）这部电影吗？在片中，凯文·詹姆斯饰演的角色和年轻的企业女继承人交往，这位女继承人身边尽是些势利的傲慢狂。在一场宴会上，宾客谈论着餐厅、电影、戏剧和艺廊的开幕式，这些谈话一律被两个年轻人冠以"倒胃口"之名。他们说："我们看什么都觉得倒胃口——没有一样是够格的，因为我们是如此地风雅而有涵养。"

仔细听听自己在"有意识的有能"阶段所使用的言语，检视自己是不是在批评。要弄清楚，你会让自己批评的人事物继续维持原样，且永存不灭。当初我进入这个阶段时，称它是"我才不想动手环"阶段。我会开始讲话，而一旦我注意到心里有某种批评正在成形，只会淡淡地说："我才不想动手环。"当你抓到自己又快要失败时，就试试看——你只要说："我才不想动手环。"

如果你快乐，就按喇叭

这个阶段还有一件有助益的事可做，就是征求一位"不抱怨的伙伴"。找一个也在挑战不抱怨目标的人，彼此鼓励、互相打气。注意：这个人不是要像掠食的老鹰一样，紧盯着你是否在抱怨、批评、说闲话；你也不是要在他们抱怨时提出指正。如果你这么做了，你就是在抱怨，应该要移动手环。确切说来，这个人要能和你分享成功，如果你得重来，他也会鼓励你继续下去。找一个能帮你以积极的态度重塑生活样貌的人，可以成为你的"守护天使"，帮助你去发掘眼前任何情境中的光明面和良善点。你需要一个啦啦队长——在你试图放弃时鼓励你的人，希望你能挑战成功的人。

大约八年前，我认识了一个人，他帮助自己深爱的人，重新扭转了许多人原本觉得悲惨无比的人生景况。一切都始于我在路边看到的一块告示牌。

那块告示牌是由破破烂烂的厚纸板做成，钉在一根像是五金商铺给人用来搅动油漆的棍子上。当时我正要上堤道，穿越南卡罗来纳州康威市外的沃卡莫河，而我注意到了这块告示牌。它被推挤到地上，置身于杂乱的垃圾与火蚁虫的窝之间，邀我一起这样做——"如果你快乐就按喇叭！"

做这块牌子的人也太天真了吧。我摇了摇头，然后继续往前开——我的喇叭安静无声。 我不屑地对自己说："真是胡言乱语！"快乐？什么是"快乐"？我从来不知道什么叫快乐。我只知道享乐。但即使在我最享乐、最成功的时刻，我发现自己还是在担心，什么时候又会发生坏事，把我带回"现实"。我心想："快乐都是骗人的。"生命既痛苦又充满挑战，即使事情进展顺利，下一步必定又会有什么当头棒喝，飞速地让你从"快乐的幻想"中清醒过来。"或许死了就会快乐吧。"我心想，但我连这一点也不敢确定。

几周后的一个礼拜天，我载着桂儿和莉亚开车上了五四四号高速公路，要前往"冲浪海滩"去探望朋友。我们随着一卷《最爱童谣》的录音带开心唱歌，享受共度的时光。当我们接近堤道，要通过沃卡莫河时，我又看到了那块告示牌，而且不假思索地按了喇叭。

"怎么了？"桂儿问道，"路上有什么吗？"我说："没有。路边有个告示牌说：'如果你快乐就按喇叭'……我觉得很快乐，就按下去了。"

那块告示牌对莉亚来说，完全是合情合理，没什么好奇怪的。孩子们对于时间、报税的责任、失望、背叛或其他成人所背负的限制与伤痕，都没有什么概念；对她而言，生命就是当下，而当下就是要快乐。下一刻来临时，还是要快乐。那就按喇叭吧，庆祝这快乐的时刻。

当天稍晚，我们在回家的途中又经过那块告示牌时，莉亚尖叫了起来："爹地，按喇叭，按喇叭！"在那时，我稍早之前期待与朋友同欢、享受和家人相处的愉快态度，已经改变了。我开始想到，隔天还有很多工作等着我去做，而且大部分的事都很伤脑筋。我的心情一点也不快乐，但我还是按了喇叭来满足女儿。

接下来发生的事，我永远也不会忘记。在内心深处有那么短暂的片刻，我觉得自己比几秒钟之前更快乐了一点——好像按喇叭会让我更快乐。也许这是某种巴甫洛夫式（Pavlovian）的制约反应吧。大概是听到喇叭声，会让我联想起上次按喇叭时的某些正面感受。

从那时起，我们只要经过那段高速公路，莉亚就一定会提醒我按喇叭。我注意到每次一按喇叭，我的情绪温度计就会提高温度。如果以一到十的等级来标示，而我原先感受的情绪等级是二，当我按喇叭时，我的正面情绪就会再增长几级。每次我们经过告示牌、而且按喇叭时，这样的状况总是屡试不爽。我开始只要经过这里就按喇叭，即使只有自己一个人时也不例外。

有一天，桂儿和莉亚回家时，笑得说不出话来，我意识到这一定和莉亚有关,但我不想让她难堪,于是就等她进房间之后,才问桂儿什么事那么好笑。桂儿还是暴笑个不停,一边喘着气告诉我:"今天下午,我在开车时一边和莉亚说话,同时又变换车道,不小心抢了别人的路。那辆车正好在我的视线死角内,我没注意到,差点就把那部可怜的车撞到路边。"

她又大笑了起来。我还是没听到故事的笑点。

桂儿继续说:"那个驾驶者气得不得了,飞速地把车开到我们旁边,又比中指、又使尽力气按喇叭。"

我们开车时都会犯错,这可能是危险的失误,所以我不但关心妻子和女儿,也关心那辆车的驾驶者。我可不认为这是什么可以开玩笑的事,我老婆一定有点精神错乱吧。"这有什么好笑的?"我决心要探个究竟。

"那个人按喇叭的时候," 桂儿继续说,她注意到我在担心,于是努力镇定下来,"莉亚指着那个人说:'妈咪,你看,他好快乐喔。'"

我过了一秒才听懂,也跟着暴笑起来。孩子的观点是多么可贵啊!多亏我们有了那次告示牌的经验,对她而言,按喇叭只代表一件事:他好快乐。

我对着告示牌按喇叭所产生的正面感受开始扩张。我发现自己会期待开到那个路段，甚至在还没看到告示牌之前，我就觉得心里很快乐。往后，我只要一上五四四号公路，就注意到自己的情绪指数开始上扬。这段不长的道路，变成了让我的情绪返老还童的地方。

快乐，就在当下、就在你的周围

那块告示牌是位于高速公路的路肩上，旁边则是一些树林，把附近的房屋与堤道隔了开来。没多久之后，我开始很想知道，那是谁放的告示牌，又为什么要放。当时，我的工作是开车到客人家里卖保险。我和一家人约好了要碰面，他们就住在五四四号公路北边约一里的地方。当我抵达的时候，这家的女主人告诉我，她先生忘了我们有约，所以要重新订时间。有那么一刻，我觉得很气馁，然而当我把车开出那个住宅区，却发现这里刚好就是高速公路旁那排树林的另一边。我沿着公路旁行驶，估计着自己和"快乐"告示牌的距离，在我觉得快到的时候，就在最近的一户人家前停了下来。

那栋房子是灰色单层的组装式房屋，镶有暗红色饰边。我爬上阳台的肉桂色台阶，来到前门时，注意到这栋房子虽然简单素朴，但照料得很不错。我开始准备着，如果有人来应门，我该说些什么。"你好，我在这树林另一边的高速公路上，看到一块用纸板做的告示牌，不晓得你知不知道这块告示牌的事？"还是要说："你们是'如果快乐就按喇叭'的人吗？"我觉得有点尴尬，但那块告示牌对我的思维和生活产生了那么大的影响，我想多知道一些它的事。就在我按下门铃之后，我练习的这些开场白，根本就没有机会说出口。

"请进！"那人带着温暖、开朗的微笑说道。现在我真觉得尴尬了。我心想："他一定是在等别人，而他以为我就是那个人。"尽管如此，我还是进了门，他则和我握手致意。我解释着，我在他家附近的高速公路上开了一年多的车，而且看到了"如果你快乐就按喇叭"的告示牌。据我估计，他家最靠近这块告示牌，所以他也许知道些什么。他笑得更开怀了。他告诉我，他在一年多前放置了那块告示牌，还说我不是第一个停下来询问这件事的人。

我听到不远处有辆车狠狠按了几声喇叭，他说："我在本地的高中当教练。我和我太太都喜欢住在这靠近海滩的地区，也很喜欢这里的人。我们过了很多年幸福的日子。"他那清澈的蓝眼睛似乎要穿透了我的双眼。"前阵子，我太太生病了，医生说他们也束手无策，只有叫她处理好私人事务，还说她只有四个月的生命——顶多撑到半年。"

我对接下来的短暂沉默觉得不安，他则泰然自若，继续说着："刚开始我们吓坏了，然后是很生气。接着我们俩抱头痛哭了好几天。终于，我们接受了她就快要结束生命的事实。她准备面对自己的死亡。我们把医院的病床搬回家里，她就这样默默躺着。我们两人都很伤心。"

"有一天，我坐在阳台上，她则在房里试着想小睡一下，"他继续说，"她非常痛苦，很难入睡。我觉得快要被绝望淹没了，我的心好痛。然而，我坐在那里的时候，听到有很多车子正要穿越堤道去海滩。"他的眼睛往上瞟向客厅的一角，片刻之后，才仿佛想起自己还在和人说话，摇了摇头，继续把故事说完："你知道'大海滨'（Grand Strand）——就是南卡罗来纳州沿岸六十英里的海滩——是美国最热门的观光景点之一吗？"

"呃……嗯，我知道，"我说。"每年有一千三百多万的游客会来到这里的海滩。"

他说："没错。那你有过什么比度假更快乐的经验吗？你计划、存钱，然后和家人出远门去，共享一段欢乐时光，棒极了。"路过的车辆按了一声长长的喇叭声，打断了他。

教练想了一会儿，才又继续说："我坐在阳台上想到，虽然我太太快死了，但快乐可以不必随着她死去。其实，快乐就在我们周围。每天有几百万辆车子行经我们家几百尺外的地方，那里就是蕴含快乐的所在。所以，我就放了那块告示牌。本来我也不抱任何期望，只是希望车子里的人不要把眼前这一刻视为理所当然。这个绝对不会再重现，和心爱之人共度的特别时刻，值得细细品味，他们应该要好好领会当下的快乐。"

好几种不同的喇叭声，迅速而连续地传了过来。他说："我太太开始听到了喇叭声。刚开始只是听到零星几声而已，她问我知不知道是怎么回事，我就把告示牌的事告诉她。后来，按喇叭的车子数量逐渐增加，这好像变成了她的良药。她躺在房里时，只要听到喇叭声就觉得很欣慰，知道自己不是孤单地在阴暗的房间内等死。她也享受着全世界的快乐。快乐真的就在她身边。"

找一个互相支持的不抱怨伙伴

　　我沉默地安坐了片刻，细细思量他所分享的内容。多么激励而动人的故事啊！"你想不想见她？"他问。我有点惊喜地说："好。"我们聊他太太聊了这么多，我不禁开始把她想象成某个精彩故事中的角色，而不是真实的人物。我们经过走廊，来到她的房间时，我做好准备，不想让自己显露出被这位等着我的病危妇人吓到的模样。但当我走进房间，看到的却是一位似乎在装病的微笑妇人，而不是来日无多的垂死之人。

　　外面又传来一阵喇叭声，她说："那是哈里斯一家人。又听到他们的消息真好，我很想念他们。"我们打过招呼之后，她说起自己现在的生活就和从前一样丰富。除了大白天，再加上一整个夜晚，她听到各种喇叭发出了数百次啁啾、鸣放、泣诉、怒吼或鼓噪的声音，告诉着她：在她的世界里还有快乐存在。她说："他们不知道我躺在这里听，但是我认识他们。我现在只要听喇叭声，就认得出那是谁。"她脸红了起来，又继续说："我还替他们编故事。我想象他们在海滩边嬉戏、或是去打高尔夫球。如果是下雨天，我则想象他们去水族馆参观或逛街购物。晚上，我想象他们去游乐园玩、或是在星光下跳舞。"她的声音逐渐微弱起来，就在快要睡着的时候，她说道："好快乐的生活啊……真是好快乐、好快乐的生活。"

教练对我微笑，我们俩起身走出卧房。他默默地陪我走到门口，但就在临走之际，我突然想到一个问题。"你说医生宣判她最多只能活六个月，对吧？"

"是，没错。"他的微笑透露着，他似乎知道我接下来想问什么。

"但你说，你是在她生病之后好几个月，才放了告示牌。"他说道："对啊。"

"而自从我开车经过看到那块牌子，已经一年多了。"我做了总结。

他说"没错。"然后又加了一句："也希望你很快能再回来看我们。"

告示牌又摆了一年，然后有一天，它突然消失了。"她一定过世了。"我开车经过时，忧伤地想着。"至少她临终前很快乐，而且战胜了微乎其微的存活几率。她的医生应该会很讶异吧？"几天后，我又开上五四四号公路要前往海滩，而有史以来第一次，当我快到达桥边时，是感到难过而不是快乐。我再仔细检查了一次，猜想着也许是风雨终于摧毁了那块徒手做成的纸板告示牌。但它真的不见了，我觉得心头一沉。

当我接近堤道时，注意到有个东西振奋了我的精神。原本置放着小纸板和油漆棍的地方，现在有了新的告示牌。这块告示牌有六尺宽、四尺高，底色是明亮的鲜黄色，边缘还装着闪烁的明亮小灯。告示牌上则以斗大醒目的字体，写着熟悉的那句话："如果你快乐就按喇叭！"

我的眼泪在眼眶里打转。我按着喇叭，让教练和他的妻子知道我经过这里了。"那是威尔。"我想她将带着会心的微笑这样说道。

在心爱的丈夫支持下，这位了不起的女士并没有将注意力放在自己面临的现状——经由医学专家证实的现状，而是一直关注着身边发生的好事。这也使她战胜了渺茫的存活几率，得以拥抱生命、接触到上百万不同的人们。

你也可以像这样，成为另一个人的精神支柱，一个藉由停止抱怨，而致力改变生命的人。找一个你可以为他打气加油、他也愿意为你这样做的人。你们俩一起努力，就可以促成改变。

·不·抱·怨·观·念·

■批评是带着利刃的抱怨，通常是针对某人而发出，意图贬低此人。没有人喜欢被批评，当我们批评某人时，对方会觉得遭受不公平待遇，有必要为自己辩解而反击，所以我们的批评往往只会扩大、却不会消弭被我们批评的事端。

■每个人共有的需要，就是获得注意、受到重视，而且会以各种方式设法去获得注意。如果这种注意带有批评意味，我们也会向下修正，以达到批评者的负面期望。

■我们对他人的观感，决定了他们在我们面前会呈现出什么样貌；我们的言语会让对方知道，我们对他和他的行为有着什么期望。如果言语中带有批评，他的行为就会如实反映我们所批判的内容。

■批评就像其他的抱怨，也可能是一种吹牛、自夸的形式。

■仔细听听自己在"有意识的有能"阶段所使用的言语，检视自己是不是在批评。一旦注意到心里有某种批评正在成形，就快要失败时，试着说："我才不想动手环。"藉此来提醒自己。

■征求一位"不抱怨的伙伴"。找一个也在挑战不抱怨目标的人，彼此鼓励、互相打气。这个人要能和你分享成功；如果你得重来，他也会鼓励你继续下去。他是一个能帮你以积极态度重塑生活样貌的"守护天使"，可以引领你去发掘眼前任何情境中的光明面和良善点。

Part 4

无意识的有能

▶ 臻入化境
▶ 二十一天的优胜者

臻入化境

凡所行的，都不要发怨言。
——《新约圣经》〈腓立比书〉2：14

让心中的抱怨工厂关门大吉

所谓的"盲眼鱼"，有好几个品种，其中大部分都可以在美国密西西比三角洲一带的石灰岩洞穴区找到。成年的盲眼鱼身长五寸，几乎没有什么色泽，且只有一个品种是有眼睛的。科学家推测，可能是多年前大陆块或水道发生变化，使它们只能受困于洞穴中生存。由于完全被黑暗包围，什么也看不见，这些鱼逐渐适应了洞穴的环境，如今则在全然的黑暗中兴盛繁衍。

经过世代的繁衍，盲眼鱼身上能保护鱼皮不受日晒的色泽已不复见，因为再也派不上用场了。同样地，盲眼鱼也不必靠眼睛来生产鱼苗。在没有光线照射、也不需要视力看东西的情况下，盲眼鱼的身体因应其生存环境的特性，也不再生成色泽或眼睛。

在你花了几个月的时间，努力做个不抱怨的人之后，你会发现自己已经改变了。正如盲眼鱼在世代繁衍之后，没有用处的器官和功能就会退化、消失，你也将发现，自己的心灵不会再制造那些你曾习以为常的愁苦洪流。因为你不说，让怨言无处宣流，你心中的抱怨工厂也就关门大吉了。你已经旋紧栓塞，水井也干涸了。

藉由改变自己的言语，你已经重塑了自己的思考模式。对你来说，你已经可以"无意识"（毫无所觉）地达到"有能"（不抱怨）状态；你已经脱胎换骨，也变成一个更快乐的人。

在我们推行"不抱怨"计划之初，就决定要授予"快乐证书"，给所有连续二十一天不抱怨的成功者。我们选择颁发"快乐证书"，而非"不抱怨证书"，是因为我们知道，减少抱怨对于一个人的意识与认知，将造成强而有力的影响。不抱怨不仅会

改变我们的行为，还会改变我们的心灵和生活。一旦你挑战成功
了，请上我们的网站：www.AComplaintFreeWorld.org，我们会很
乐意寄发证书给你，庆祝你的转化重生。

为小事感恩，为生命喝彩

在"有意识的有能"阶段——这个"后二十一天"阶段，
你不再是注意伤害而喊"痛"，而是把心思都放在你想要的东西
上。你也开始注意到，不只是你自己更快乐了，连周遭的人们似
乎也是这样。你会吸引那些乐观向上的人们，你的积极天性将激
励身边的人进入更崇高的精神与情绪层次。以甘地的论点来说，
你本身就是你希望在世界上看到的改变与转化。当一切进展顺利
时，你的立即反应是："当然会这样！"当困难出现时，你不会
对其他人提起，让它有扩散的机会，而是开始寻找其中隐含的祝
福。而且你寻找，就必寻见。

复原之路上的无怨勇士

四年前，我那做警察的二十三岁长子，在开车时发生脑出血意外。细节在此不多描述，总之这是段漫长的旅程，但一路走来，我们全家始终以信靠上帝及无条件的爱来面对。

班正在复原当中（所有的医生都说他熬不过来），也心平气和地接受自己的残疾——这对我们所有人来说，都是一项要修习的功课。而神的恩典也在他心中满溢而滋长着。

班有轻微的失语症，右半身失去行动能力，有些反应也比较迟缓，但他持续在进步着——而且他从不怨天尤人。这就是我们需要手环的原因。如果班可以无怨无艾地背起自己的十字架，我们其他人当然也行。我希望那些在复原之路上帮助过班的人，都能够拿到手环。

非常感谢您，同时要祝您幸运，能顺利完成使命，您和贵教会已经造成了莫大的影响力！

——康乃狄克州史东宁顿市，诺琳·凯波

你还会注意到另一件事，那就是当周遭的人开始抱怨，你竟然会觉得很不舒服，彷佛有一股非常难闻的气味突然飘进室内。因为你已经花了那么多时间检视自己、对抗抱怨，所以当你听见别人口中吐露出怨言时，就好比在神圣的宁静时刻里出现了嘈杂的铙钹声。然而，即使旁人的牢骚听来很不顺耳，你也觉得没有必要指正对方，而只是观察着这样的现象。因为你既不批评、也不抱怨，对方也不必为自己的行为辩解，抱怨于是很快就止息了。

你会开始为了最微不足道的小事而感恩——就连以前觉得理所当然的事也不例外。以我自己而言，还曾这样想过："要是我最后一次梳头时，就知道这是最后一次有机会梳头，我就更能享受这段时光了。"（如果你不懂，请看看我在本书封面勒口上的照片吧。）当你稳定地处于"有意识的有能"状态，你心中的预设立场就会是欣赏与感恩。你仍然有自己渴求的目标，而且这样很好。现在，带着新发现的正面能量，你仍然渴求的目标会在你心中具体成形，而且你会明白，就算是现在，这个目标也正朝着你移动前来。

你的财务状况也可能跟着改善。钱本身并没有价值，只是一些代表价值的纸张与硬币。当你更加看重你自己和你的世界，你就会展现某种影响力，也为自己招揽更宽广的财源。大家会想给予或提供你一些以往你可能要付费购买的东西。我认识的一个人，就接受了好几种免费的专业服务，因为提供这些服务的人们喜欢他、也想支持他。同样的事也可能发生在你身上，而关键秘诀就是要认真看待任何最微不足道的小事，并且时时感恩。如果有人为你扶住门、或好心帮你提东西，都要当成是这个宇宙丰盛的祝福，而如此一来，你也会引来更多祝福。

做个积极、快乐的工作者

和积极、快乐的人相处，自然是很开心的事。既然你就是这样的人，另一种改善你财务状况的渠道，可能就是加薪或工作保障。

在职场上，我们是凭着做事的能力或缔造的作为来领取薪水；我们的所得多寡，大多取决于本身专业才能的高低。然而，一个在办公室里散播阳光和喜乐的人，则具有黄金股贵重的身价。我知道在华盛顿州西雅图的一家企业，有位接待人员名叫玛莎，她有着我所见过最开朗、最灿烂、也最真诚的微笑。她总是不吝赞美、衷心喜悦，愿意为任何人做任何事。在办公室里，你时时可以感觉到她的存在，而每个人也都发现，自己因为玛莎而变得更愉快、也更有创造力了。

　　前阵子，我顺道路过这家公司去探访朋友，却感觉这里有点不一样了。好像有人用了比较暗的颜色粉刷墙壁，或是照明出了什么问题——这是我站在接待区时的感觉。后来我才发觉玛莎不见了。"玛莎呢？"我问道。有人说："她被竞争对手挖角了，薪水是我们这边的两倍多。"她四处张望了一会儿，才又追加一句："那家公司赚到了。" 玛莎快乐昂扬的性格所散发的热力，影响了这家公司的每个人；而她的离职，则使全体员工的快乐程度和生产力都降低了。业务员说，当玛莎不在场接电话时，客户的抱怨不仅增加了，也变得更为激烈。

　　你的态度，也就是你内在思维的外在表现，决定了人们和你之间的关系。不只是人，连动物也是如此。我在写这段内容时，我们家的两只狗正激动地对着驶入社区的UPS快递卡车吠叫。他们之所以吠叫，不是要阻止那位快递司机把车停在我们家门口，而是希望他会停在这里。这位快递司机不像其他怕狗、或是不想理狗的快递员，他决定要记住这条路上每只狗的名字，甚至还带零食给它们吃。这听起来可能很蠢，但我们家的狗真的很爱这位司机。他的用意很单纯，就是想做个快乐而能提供帮助的人。比起UPS播放了上千次，问着"我们能为您做些什么？"的电视广告，这位司机的贴心服务，更能博取我们对这家快递公司的好感。

如果他有志于管理工作，可以想见，这位快递员有一天将成为UPS的领导者。我们都希望身边围绕着能让每一天都不同凡响的人们，而这些人也最有可能在未来获得晋升。

将不抱怨的美德传承下去

成为不抱怨的人，还能获得另一份最重要的礼物，就是你在当下和未来对家庭造成的影响力。无论是好是坏，我们通常都会拿身边的人作为自己的榜样。之前我们也曾讨论过，我们会被他人的能量曳引，特别是我们认定的权威人物，例如父母。

我还记得我爸爸在厨房忙碌的模样。他每次做菜，都会拿一条擦碗盘的抹布挂在左肩上，而且称它为"左肩烹饪巾"。他总是挂着这条烹饪巾，这样要从炉子上端起热食、或是要擦掉手上的东西时，就能派上用场。现在，只要我进厨房做菜，你也会看到我挂着自己的"左肩烹饪巾"，而且绝不会在右肩上，一定是在左肩。爸爸以前这样挂，现在我也这样挂。或许我爸爸也是看他爸爸这样做，就跟着挂起来了——谁晓得呢？我只知道，这是我从他身上学来的习惯。他从来不曾刻意把这独特的作风灌输给我，但他的身教确实发挥了效果。而我也明白，无论有意还是无心，我随时随地都在对莉亚进行传承。

我发现，在我们还未进行不抱怨的生活行动之前，我都在教导莉亚——全家人的晚餐时间，就是抱怨和八卦时间。我做了她的坏榜样，而一般人也是如此。而现在，我感到非常欣慰，我们在晚餐桌上谈的尽是喜乐的福分和光明的远景。这才是我想传承给她的，而她也将以身作则教给她的孩子，世世代代绵延下去。把全家团聚的时间变成一段欢欣、快乐的时光，而不是在抱怨当天如何诸事不顺。我确信我们的生活会更加美好，因为我们不是每天都在寻求（也因而找到了）负面的事件或遭遇，以确保当天晚餐时有话题可聊。

　　身为一个不抱怨的人，你也可以花更少的心力，就招致更多你想要的东西。还记得我们教会里那位带来一堆抱怨清单的姊妹吗？在我处理过几张清单后，我才明白，无论我做了多少，她都能挑出更多的毛病。不知不觉地，我打从心底强烈抗拒她所要求的任何事，而且也开始讨厌她，因为我们怎么做她似乎都不满意。她提出的建议即使再好，我们也束之高阁，因为我觉得要是做了，只会惹来更多抱怨和批评。当我不再理会她，而且拒绝讨论她对教会的不满和责难，她就不再把抱怨清单拿给我了。

　　有意思的是：当她停止这样的行为，她先前提出的每个建议，我们几乎都慢慢开始采用了。不是因为她抱怨，而是她停止抱怨了，我们才采纳她的建议。我们会做这样的改变，是因为我们觉得这些改变合情合理。但之前有好长一段时间，我们却连考虑都没有，就把这些建议搁置一旁，因为我们对她的要求有着负面的反应——我们觉得被攻击了，于是便以忽略她的要求来作为回应。

　　现在，你是个更积极的人，会谈论自己想要的事物、而不是抱怨不要的东西。大家都想和你共事或为你工作，而你会缔造更高的成就、得到更多的收获，远胜过自己梦想所及。给它一点时间，同时仔细观察，这一切就会发生。

不要让抱怨操控你、支配你

"那我所强烈关注的社会议题呢？"常有人会这样问我，"如果我不抱怨，要怎样才能造成积极的改变呢？"再重申一次，改变源自于不满，只要有人像你一样，发现事情现况与理想状态之间有所落差，改变就会发生。不满只是开端，却不能成为结果。如果你抱怨某种状况，你或许可以吸引其他人跟着你嘀咕、抱怨，却发挥不了多少作用。然而，如果你能开始描绘挑战不复存在、落差已经填补、问题也获解决的光明愿景，你就可以振奋人心，促使人们做出积极、正面的改变。

在《灵魂的座位》（The Seat of the Soul）一书中，畅销作家盖瑞·祖卡夫（Gary Zukav）写道："抱怨是一种操控的形式。"我有个朋友是另一个教派的牧师，他的所属教会找来了一位顾问，要帮助他扩展教会。顾问说："找到他们害怕的东西，用那个东西激怒他们，他们就会对别人抱怨这种状况。这样会让他们团结一致，找更多人进来。"这套方法似乎有违我朋友正直的人格，他认为自己的教会应该是去帮助有需要的人，而非激怒一群暴民。他打电话给另一位牧师同事，询问这种恐惧和愤怒的技法，在他的教会里实行的成效如何，另一位牧师说："非常好。带来了好多新朋友。问题是他们是一群惊惶又愤怒的人，一天到晚都在抱怨——现在我已经被他们整得焦头烂额了。"后来，我的朋友辞去了这个教会的资深牧师职位，成为医院的牧师。他现在活得很正直、也很快乐。

前几天晚上，我和家人在看罗伯特·普瑞斯顿（Robert Preston）主演的经典电影《音乐人》（The Music Man）。在片中，普瑞斯顿饰演肆无忌惮、讲话有如连珠炮的推销员——哈洛·希尔教授，负责兜售乐团用的乐器。他来到爱荷华州，向他的老友——由巴迪·哈克特（Buddy Hackett）饰演——问道："这城里有什么东西，可以让我用来激怒大家？"哈克特告诉他城里刚送来了第一张台球桌，普瑞斯顿便开始宣扬，玩台球会彻底败坏道德，使全镇陷入恐慌。当然，要解决台球游戏所招致的"道德败坏"和"集体歇斯底里"问题，就是让年轻人全都加入乐团。希尔教授将乐器和制服卖给每个人，因此扭转了颓势。他为了自身的利益而煽动抱怨的焰火，操控了城里的人民。

祖卡夫说得很正确。抱怨想要操控你的能量。既然你已经是个不抱怨的人，当有人想使用负面的言语来试图操控你，你就会警觉到，而且设立安全的界线来保护自己。当你听到这样的言论，你知道那是抱怨——而只要是抱怨，就和麻烦脱不了关系。

处理你的感觉，但不要去解释问题

有人会说："可是有些精神科医师相信，抱怨是健康的。"我说过，偶尔抱怨（表达哀伤、痛苦或不满）的确合情合理。向实际帮得上忙的人表达自己的哀伤、痛苦或不满，确实是健康的——只要你的做法，是去设定未来期望的结果，而不是拿过去的往事攻击人就好。

和心理学家或其他咨询人员谈论生命中的挑战与困难，以藉此度过这些难关，也可能是健康的做法。好的心理学家能赋予这些事件意义，并针对未来的理想生活提供希望和建设性典范。然而对朋友抱怨——通常被称为"发泄"，可能只是让自己放纵负面情绪的藉口，将招致愈来愈多的问题。更别说是和态度消极的人们为伍，更容易近墨者黑。

有时候，我们都需要"处理"生活中发生的事件，才更能掌握当前面临的情境。"处理"和"抱怨"是不同的两回事。"处理"是分享你对已经发生的事件有何感受，而不是去重塑这些事件。如果老板对你大吼大叫，你可能想和另一个人谈论这个经验，分享自己的感受。"她对我大吼大叫时，我觉得又惊讶又难过。"当你在"处理"某项经验时，要确定自己说的话都是聚焦于你的感受，而不是你对这件事的解读和说明。使用诸如以下的措辞：

● 生气 ● 难过 ● 高兴 ● 快乐 ● 愤怒 ● 害怕 ● 欢喜

"你这么做，让我很愤怒。"这句话里包括了你的经验，而且也正在处理这个经验。"你这样做，让我觉得你是个混蛋。"就只是责难，却在言语攻击之前放上了"我觉得"。你的感觉就是最好的指标，显示出你本着最理想的自我来过人生的成效如何；和另一个人讨论自己的感觉，不旁述背景故事或是谁说了什么之类的情节，也是很健康的事。

即使是寻求治疗专家的协助，不要耽溺于任何痛苦的经验太久，也是很重要的。一项心理学研究发现，去谈论神经质的症状，确实会让这些症状加剧、变多。好的治疗专家会知道，该花多少时间和精力来处理过去，帮助你运用已经发生的一切，创造更令人向往的未来。

现在，你正坐在驾驶座上，要驶向你一直梦想打造的未来。不仅如此，只要坚持这样的意念，只讲述你希望如何发展的结果，你就能在短期内达成目标，比你原本以为要耗时费年的速度快上许多。

史蒂芬·迪亚兹（Steven Dietz）的剧作《小说》（Fiction）中，有一个角色论道："作家不喜欢写作，他们喜欢写作完成的结果。"同样地，人们也不喜欢改变，却喜欢改变后的模样。你已经付出了意愿、时间和精力，不断地移动手环，而且一再重新尝试。你是一个新造的人，你已经改变了。奥利弗·温戴尔·霍姆斯（Oliver Wendall Holmes）说过："被新观念拓展过的心灵，绝不会再缩减为原本的规模。"你已经成功了。

如果你在阅读这一章时，还没有成功地做到二十一天不抱怨，就让本章作为这一天即将来临的应许吧。你可以做到的。在下一章，你将听见完成二十一天不抱怨挑战的人们有何心声，以及这项活动对他们所蕴含的意义。

·不·抱·怨·观·念·

■努力做个不抱怨的人之后，你会发现自己改变了。因为你不说，让怨言无处窜流，你已经重塑了自己的思考模式，脱胎换骨变得更快乐。

■你已经是个更积极的人，会谈论自己想要的事物、而不是抱怨不要的东西。你会吸引那些乐观向上的人们，也会帮助身边的人进入更崇高的精神与情绪层次，大家都想和你共事或为你工作，而你会缔造更高的成就，远胜过梦想所及。

■当进展顺利时，你的立即反应是："当然会这样！"当困难出现时，你不会对其他人提起，让它有扩散的机会，而是开始寻找其中所隐含的祝福。而且你寻找，就必寻见。

■当周遭的人在抱怨，你也觉得没有必要指正对方，而只是观察着这样的现象。因为你既不批评、也不抱怨，对方也不必为自己辩解，抱怨很快就止息了。

■认真看待所有微不足道的小事，并且时时感恩。如果有人为你扶住门、或好心帮你提东西，都要当成是这个宇宙丰盛的祝福，如此一来，你也会引来更多祝福。

■把全家团聚的时间变成一段欢欣、快乐的时光，而不是在抱怨当天如何诸事不顺。这样我们的生活会更美好，也能把不抱怨的美德传承下去。

■"处理"和"抱怨"不同。"处理"是分享你对已经发生的事件有何感受，而不是去重塑这些事件。当你在"处理"某一项经验时，要确定自己说的话都是聚焦于自己的感受，而不是你对这件事的解读和说明。

■不要让抱怨操控你、支配你。如果你不满某种状况，就应该开始去描绘挑战不复存在、落差已经填补、问题也获得解决的光明愿景，以促使人们做出积极、正面的改变。

二十一天的优胜者

> 为了享受拥有自我的特权，付出极高代价也不为过。
>
> ——尼采

"但是，抱怨难道不健康吗？"

当我为"不抱怨"运动接受采访时，媒体通常会把我与一些肯定抱怨能促进健康的心理学家相提并论。每当遇到这种情况，我都会告诉他们，我不是要改变别人。如果有人想要抱怨，祝他们成功！说得更清楚一点，如果有些事情需要纠正，我并不赞成保持沉默。不要克制压抑、不要闷在心里，只要确定你是在陈述事实，而不是让你的话语隐含着"你竟敢这样对我？"等负面意义就好。

　　说到健康，我不禁要怀疑，有些心理学家是否以为自己的工作就是倾听人们抱怨，而不想坏了自己的生计。正如我之前提到的，好的治疗专家应该是要藉着重新诠释过去的创伤事件，来帮助你治愈心理阴影，以拥有更快乐的现在和更光明的未来。

　　我不是心理学家，我甚至从未在电视上扮演过心理学家。我在这方面的经验，是来自于我弃绝了抱怨所造成的人生蜕变，而许多人给我的分享也让我深获启发——他们在不抱怨之后，都变得快乐、健康多了。对我来说，如果抱怨能让我们健康，那我们国家——美国——的人民，就应该是全世界最健康的人们。然而，医疗系统堪称全球最庞大的美国，每年的心脏病死亡人数，要比其他百分之九十三的国家还高。美国人还面临着高血压、中风、癌症与其他各种疾病（disease）的威胁——"disease"这个词拆开来看，就是"不舒服"（dis-ease），你发现了吗？

　　路易斯维尔大学（University of Louisville）的心理学家麦可·康宁汉博士（Micheal Cunningham, Ph.D.）指出，人类偏好抱怨的倾向，可能是从先祖在部落遇难时所发出的一种警戒性呼叫进化而来。"哺乳类动物是一种会尖叫、哭闹的物种。"康宁汉博士说："我们会声张自己的烦扰，以取得帮助、或是寻求众人支援来进行反击。"

如今，我们已不需要用激烈的抱怨来自我防卫，但抱怨还是在演化过程中保存了下来，这是因为就如之前所讨论的——我们仍想从抱怨中获得心理上与社会上的助益。

当我们抱怨时，就是在说："事情不太对劲。"当我们经常抱怨时，就是持续活在"事情不太对劲"的状态，因而增加了生活中的压力。试想若有人经常对你说着："注意啊！""小心喔，会有坏事发生。"或是"从前发生过不好的事，就代表往后会有更多坏事降临。"如果有人不断指出你的周遭潜藏着危机与陷阱，你的生活难道不会倍感压力吗？当然会。

所以，如果你经常抱怨，那个按响警铃的人就是你自己。你是在藉由抱怨加重自己的压力；你在说着"事情不太对劲"，而你的身体也会随着压力出现相应的变化。 谈到集体的压力，我想起了我大学母校里的军校生——每当低年级生在路上遇见高年级生时，都要做出"挺直立正"的动作。所谓的"挺直立正"就是：军校生必须将双臂贴住身体两侧，缩下巴、绷紧身体，像是准备要作战的状态。

而抱怨的时候，我们的心思专注于不对劲的地方，我们的身体也会跟着有反应——我们不是"挺直立正"就是全身紧绷。我们的肌肉会纠结成块，心跳加速、血压升高。你觉得这样健康吗?

二〇〇六年二月在富比士网站上发表的一篇文章指出，美国销售量最多的药物排行榜中，前七名——没错，就是这样——全都是用来治疗因压力过重所恶化的疾病。光是二〇〇五这一年，美国在治疗忧郁症、胃痛、心脏病、气喘与高胆固醇的药物上，就花费了三百一十二亿美元。

你也许会认为："好，我了解抱怨会增加压力，而压力会导致心脏病、忧郁症及胃痛，但可不包括气喘与高胆固醇。"——真是这样吗? 二〇〇五年十一月的《健康心理学》期刊（Health Psychology），发表了伦敦大学学院（University College London）的心理学家史戴托（Andrew Steptoe）及其同事所做的研究，详细检视了压力对于胆固醇的影响。在这项实验中，史戴托博士与助手们让一组受试者处于充满压力的环境中，并测量其胆固醇指数。在历经压力事件之后，他们发现受试者的胆固醇指数都明显上升了。压力的确会升高胆固醇。

至于气喘，美国医疗网站WebMD的哈菲尔德（Heather Hatfield）说："当我们的焦虑（压力）程度开始往上爬升，气喘症状可能会急剧加重。"压力让气喘快速恶化，而抱怨则会提高受压的程度。

　　我认为，抱怨并不健康，事实上，抱怨还有害于健康。但先别太在意我的说法，我想要以"二十一天的优胜者"——完成二十一天不抱怨挑战的人们——所分享的心得，作为最后的总结。

以不抱怨回应生命中的挑战

　　　　　　　　　　　　——乔伊斯·卡西欧（作家）

　　如果一年前有人问我："你是经常抱怨的人吗？"我会马上回答："喔，不是，我不是。我很少抱怨。"然而，更恰当的答案应该是："对，我是个会抱怨的人，但我完全没注意到自己有多常抱怨，而且我的牢骚还有那么多。"

　　我完全没注意到自己有多常抱怨，是因为我脑海里有一套〇~十分的抱怨程度评级标准——十分代表"一直抱怨"，而〇分代表"从不抱怨"。根据这套标准，我觉得自己不太需要再改进，因为我不认为自己有十分、或是超级爱抱怨，而比较像是中等程度的抱怨者——可能是五分，或者情况比较棘手时，就是六分。然而，我完全没有察觉，这种评分方式也无法显示的问题就是：无论我的抱怨程度是高是低，对我与我的人际关系都是有害的。

在二〇〇六年夏天，我第一次明白自己有多常抱怨。我在二〇〇四年创立的事业，在那时似乎快撑不下去了。我身边最亲近的人都怀疑我是否能成功克服难关；我感到气馁、忧郁而消沉——主要是对我自己的表现。我与别人的谈话内容总是耗人心神，因为我把大部分的精力都花在为自己的事业处境辩解，并且一直强调我所承受的负面经验和辛劳艰苦。

最后，我对自己的言谈厌恶了起来，于是决定以一种安静的隐退方式，让自己休息一下。我需要远离每一个人。我每天写日记，然后到了七月底的某一天，我开始写下我的话语对自己造成的伤害，因为它们并没有对我或任何人给予正面肯定。我了解到，抱怨只是在描述哪些事情让我觉得很烦扰，而不是直接表明这些问题并加以解决。我也把抱怨当成藉口，来决定要不要采取某些行动。我第一次明白，抱怨是如何阻碍我做出人生中深具意义的决定。基本上，抱怨让我无法与别人进行直接坦诚的沟通，也包括和我自己。

　　反讽的是，就在同一个星期，有一位威尔·鲍温牧师，在我不知道的情况下，给了我们的教会一些"不抱怨"手环，请大家来实践连续二十一天不抱怨的运动。当我几周后回到教会得知此事，觉得非常兴奋，便马上开始戴起手环。

　　我要很高兴地向大家报告，我真的做到连续二十一天都没有抱怨了。直到今天，我仍然继续戴着手环，除了时时提醒自己之外，也代表对这个运动的支持，它正改变着许多人的生命。

　　自从我实践二十一天不抱怨之后，发生了什么事呢？

　　● 我的人生变得更充实、更快乐。

　　● 我的事业也出现前所未有的光明前景。

　　● 我的人际关系变得更正面，生活中和人际上的冲突也变少了。

　　我仍然继续面对着许多充满挑战性的事件和情境，但与过去不同的是，我已经改变了对事情的反应方式，而这也逐渐改变了结果。如今，我与自己和他人的沟通都变得更加直接无碍。不抱怨改变了我的人生，而任何愿意尝试的人，都将获得这样的改变。

不抱怨带来健康与欢乐

—— 凯西·派瑞（代课老师）

　　我在四月二十四日完成了二十一天不抱怨的挑战。去年七月，当鲍温牧师第一次介绍这个运动时，我就开始戴上紫手环。在这个过程中，我曾经放弃又重新开始好几次。光是要做到一整天不抱怨，就花了我好几个星期。直到二〇〇六年十月，当我丈夫也开始戴上手环时，练习不抱怨就变得容易多了，因为他的加入，让我们可以彼此支持，一起面对挑战。

　　这项挑战拓宽了我的视野，让我认清自己的抱怨，也使我注意到自己的思想与言语。一旦我明白自己真正在意的焦点是什么，就能改变角度，来看待自己、别人和我每天所遭遇的各种处境。我一直在转化，从每天反复叨念着"我好累"、"我睡眠不足"或是"时间永远都不够"，变得睡眠安稳、而且心情愉快。

　　当我改变了注意的焦点，保持积极的态度就变得容易多了，生活中正面思考的雪球愈滚愈大，我的心情也继续愈来愈好。现在我睡得好多了、也更有活力；我觉得比较快乐，也愈来愈能放松。我和家人的关系也改善了，在我们平日的对话，称赞要多过于埋怨，我们的家变成了一个平静安适的所在。

完成挑战并非易事，要做到不抱怨的第一天，必须花费相当的时间与心力。但当你改变了习惯与思考，就会变得容易得多。而不停尝试是成功的关键。对我来说，这项挑战不只是让我停止抱怨，也使我把抱怨转化成感恩，为自己拥有的福分所庆幸。我会去注意好事，而不是只看到有什么应该抱怨。

请叫我"阳光先生"

——唐·派瑞（桥梁设计师）

我太太在去年七月展开不抱怨的挑战，当她告诉我这件事时，我觉得很有意思。我注意到她改变了很多，因此在二〇〇六年十月，我也开始戴上紫手环。八周之后，我才达到一整天不抱怨的目标，到了二〇〇七年四月十八日，我终于完成了二十一天不抱怨的挑战。

在过程中，我发觉抱怨会严重影响自己的心情，让我以相当悲观的角度看待许多事情。知道别人对我的负面态度做何感想时，我觉得非常惊讶。有一天工作时，老板问起我戴的紫手环，我告诉他这是为了要挑战不抱怨，他高兴地说："唐，当你吼人骂人的时候，还真是蛮可怕的。"当我把这件事告诉家人，他们也同样觉得，当我在看报或看电视发火臭骂时，的确很吓人，很多时候他们都真想逃开。

现在我了解到，自己的愤怒与抱怨，都是源自于我对工作没有安全感。由于我不确定是否能把工作做完，我会对愿意倾听的人抱怨工作量太多、或是完工期限快要逼近了。万一我无法完成工作，是否就意谓着我的工作能力不够好？因为我对工作又害怕、又生气，所以就只好抱怨。但如今我明白，要做的事总是很多，我只要尽力去做就好了。

这份领悟让我得以面对一个事实：我无法控制工作上及生活中的其他领域会发生什么，而抱怨也无济于事。我发觉当我愈少抱怨，我就愈不担心。放下过度的忧虑，让我更能享受家居时光，也更能纯粹地放松自己了。

不抱怨运动帮助我改善了工作上的人际关系和家庭生活，让我变得更快乐。我的负面反应带着毒害人心的扩散因子，但我新学到的正面态度则具有疗伤止痛的感染力量。它所带给我的快乐只会愈来愈全面。现在，我的老板都叫我"阳光先生"呢。

拓展幸福的空间

——玛西雅·达拉（教会办公室主任）

鲍温牧师在教会中邀请我们实行二十一天不抱怨的运动，所以我在七月二十三日开始戴上不抱怨手环。当时我想："这有什么难的呢？我是一个乐观的人，我有幸福美满的家庭，我也热爱我的工作——我可是在耶稣教会联盟工作呢！二十一天……太简单了！"

然后我戴上了手环，才真正注意到，从我口中竟然说出这么多负面的言语！这个发现真令我惊讶。一次又一次，在话才说一半时，我会停下来问自己："我真的要继续讲下去吗？我的话能带来任何正面的效应吗？"而一次又一次地，我的答案都是："不。"因为不停换手，所以我磨坏了两个手环，最后在十一月中完成二十一天不抱怨的挑战。

现在我仍戴着手环（就像戴戒指一样），提醒自己：言语是有威力的，我有责任明智地选择它们。我已经了解，这不是要把情绪闷在心里，戴着一副阳光女孩的面具。过去这几个月里，我必须要处理一些个人与家庭所遭遇的困难，但每当要说话之前，我会先想一想，然后在言语中表达出正面的意念和期许。我们是可以用积极的态度去处理棘手情况（与人物）的，而且最后的结果总是好得多！现在，就算我每天工作很忙，一切似乎都进行得更加顺利了。一些我常花时间相处的"朋友们"也离开了，因为我没什么好抱怨的，和他们之间也就没什么话好说。这也拓宽了容纳祝福的空间，我的平静感受正与日俱增，真是奇妙！

发现内心深处的良善

——马提·波因特（电脑技术人员）

自从我展开二十一天不抱怨的挑战，在四个月内对我帮助最大的就是：我更能接受和我价值观相左的人、以及我无法掌控的事件。我比较容易把事情想开一点了。我发现自己渐渐疏远了一些喜欢批评与挑错的朋友，去接近一些会往好处想的乐观朋友。而最美好的收获就是：我结交了好些志同道合的新友伴，如果不去接受这二十一天的不抱怨挑战，我可能永远也不会和他们相识。

做到二十一天不抱怨之后，我发现了自己内心的良善，这是我从来不敢相信的。虽然没有人能一直表现完美（我承认自己偶尔也会故态复萌），但在这二十一天的挑战中，我已经学会不要太在意人与环境的缺陷，所以也更容易发现自己内心的光明面了。

当我写到这里时，我九十三岁的母亲正躺在家里的床上，等着跟随她已逝的父母与许多她深爱的人，步入生命的终点。她的体重大约只剩下三十六公斤，而且一个多礼拜都没有进食了。母亲是如此虚弱而无助，这样的情况一直让我感到非常痛苦，而我也一直拼命压抑着自己对上帝的抱怨。直到我开始实践这项运动，从中学到了许多功课，情况才有所转变。而我记得其中一项功课就是求助，因此我向上帝祈求帮助。

昨天，我突然被一股洞察力所唤醒：上帝赐给我母亲一副强健的身体，为她服务了九十三年，带她走过许多地方、生养三个孩子、演奏乐器、打毛线衣、说明与书写自己的想法、做各式各样想做的事情。直到现在，即使她的身体已渐渐衰老，仍然忠心地为她的灵魂提供居所。如今，我已能为此而赞美主，并以感恩的心接受他对我母亲临终岁月的安排。

我去拜访安养院牧师的时候，亲身体验到了不抱怨运动将如何改变这个世界。当我向牧师说明自己正在挑战不抱怨，她的双眼开始闪现光彩，我都还没把话说完，她就要索取五十个手环，送给安养院的同仁们。她说，尽管安养院的同仁对临终者都有服务的热忱，但他们毕竟还是不折不扣的平凡人。她认为他们如果能更专注于付出正面的心力，就更能把握机会，提供更好的服务。

六个月以前，我完全没想到，这项二十一天不抱怨的挑战将如何改变我的人生，但它真的改变了我，也影响了我周遭的人。

从严格的老板到耐心的老师

——盖瑞·希尔（行政主厨）

去年秋天的某个恬适午后，我与好友鲍温牧师在堪萨斯州北部的他家附近骑马，他和我分享了他所提倡的不抱怨运动有何进展。我马上就对这个想法很感兴趣。

　　在我担任专业主厨的职业生涯中，我觉得自己必须一丝不苟——严格地要求自己与部属，持续烹调出高品质、有创意的菜肴，为口味各异的风雅顾客们提供最优质的服务。

　　三十多年来，我一直都在专业厨房工作，而我的管理模式，已经从严谨而层级分明的传统欧洲做法，改变为人性化而富效率的"教练"风格。鲍温牧师推行的运动，对我而言是一种全新的概念，我也无法预料它会造成什么效果。具体一点来说，从二十一天不抱怨的挑战中"毕业"之后，我更懂得如何与部属沟通了。现在我会更留意自己的措辞，同时认为自己所扮演的角色，更应该是一个厨艺高超的老师，而不是老板或经理。运用更愉快而不带压力的话语来沟通，让我与周遭的人们都节省了很多心力。

　　我相信不抱怨运动，是按照吸引力法则来运行的。当我的思想与言语更趋于感恩，同时积极去寻求解决方案，就能引发或招致更多类似的事物。

　　如今，我仍然戴着手环提醒自己，并练习用这唯一的方法来面对每天的工作负荷——以最正面的方式极度感恩。如果我快忍不住要批评时，我会暂停下来，努力用更富教育性或指导性的方

式来表达自己的意思，而人们也觉得我比较肯定他们了，也更能
把我的话听进去。我看待事物的观点因此而改变，也脱离了压力
与忧虑的羁绊，感受到真正的自由——这是挑战过程中会产生的
副产品之一。我觉得自己很有福分，也非常感恩。

抱怨就像吵架，一个巴掌拍不响

——杰克·瑞恩（服饰店业者）

当我开始尝试二十一天不抱怨之后，才发现要避免抱怨真是
一大挑战。

我是自己创业，开设了一家男装店。我觉得经营这项事业很
有乐趣，在我服务客户与卖家的时候，也认识了很棒的一群人。
很多卖家都是流行杂志中常见的光鲜活跃的设计师，有些甚至是
大家梦寐以求想结识的顶尖名人。

然而，就像我们常听到的："事情总有不为人知的另一
面。"当人们每天都要为了工作而互动、接触时，好像都拼了命
想为眼前的工作找出完美的处置方式，小小的问题往往会酿成巨

大的事件，因而毁掉人际关系、引发争吵辩论，至少也会让两方都受挫、沮丧。我想我们都同意这样的心态并不健康，也是我们都想要避免的。

我相信我能持续二十一天不抱怨，所以我戴上了紫手环。我发现，要不是因为我的工作、妻子、几个儿子、司机、工作伙伴、部属、供应商、教会，我的猫、狗、朋友、顾客、银行理财员，还有我所接触的人——我也许有机会做得到。

我开始注意到问题的源头——那就是我自己！当我在追求成就时遇上障碍，我总想怪罪哪个人或哪件事。我也开始注意到，我常常听见别人在抱怨，而他们抱怨的事情，在我看来顶多是鸡毛蒜皮的小事，而且都是因为他们自作自受所引起。或者，他们也会抱怨一些根本无法掌控的事，但在这种情况下抱怨，也是回天乏术。在我一边不断换手而磨坏手环的同时，我也发现，我已经厌倦了听别人抱怨、也让自己不开心的状态。

光明终于来到，照入我的心中，使我明白：别人的抱怨会惹恼我，而我自己的抱怨也会让他们不高兴。我不再有藉口，说自己为何做不到二十一天不抱怨了。每当有谁在发牢骚时，我便开始保持沉默。而当我自己想抱怨时，我则开始去寻找可能的解决方案、或至少去接受现状。情人节那天，我刚好和事业合伙人各自带了老婆一起出差采购，而我终于在行程中达成了二十一天不抱怨的目标。

我发觉，当我停止抱怨时，我也比较少听到周遭人们的抱怨。如果我听到了抱怨，也会明白这些抱怨不是针对我，人们只是想藉此弄清发生在自己身上的事。我也比较少去论断他人了。寻求解决方案或接受现状，让我觉得压力减轻了，在工作上与家庭中也能得到更多收获。减少抱怨和怒气之后，我和妻子、家人、同事的关系都获得改善，我变得更快乐了。

在人们发泄怒气时保持沉默，我等于让他们找不到听众，而能去省思自己的言论。我们可以说，抱怨就像吵架一样，一个巴掌是拍不响的。紫手环甚至能帮助那些不戴手环的人——一旦没有听众，他们也发现自己能更心平气和地处理眼前的问题，同时继续向前迈进。

停止抱怨就像在冥想中保持沉静，会更容易听见上帝对我们说的话。

为下一代树立新典范

—— 瑞克·席尔维（大学教授）

在我展开这段探险之际，如果有人先告诉我，完成二十一天不抱怨的挑战要旷日费时，我一定不会相信。我从不认为自己是那种爱说闲话或抱怨的人——或许我会挖苦人，但绝不是爱抱怨的人。然而，一旦我开始注意自己的行为，我就发现抱怨经常"露出丑恶的嘴脸"，阻止我克服这项挑战。

所以，我开始运用自己毕生所学的灵性知识来武装自己，要彻底根除生活中的抱怨。每天我都会感恩三次，庆幸自己能参与这项不抱怨的体验，并且想象着这项体验将显现的成果。我也会使用肯定的言辞、或是引述积极的语句，让我一整天都能精神振奋。我的目标，是要把那些深植于潜意识的讨厌特质转移到意识层面，这样我就可以设法根除它。我相信这也是整个不抱怨挑战中的一部分过程。除非我察觉到自己拥有、也在表露这些特质，否则就不可能开始加以清除。慢慢地、却也是确实地，我终于能以更轻松自在的态度，释放心中的这些抱怨与八卦。

这项不抱怨的练习，让我能更乐观地看待人生。我也更了解，负面思想会妨碍我平静地面对自己与他人。我亲身体验到，自己和伴侣、家人、同事与学生的关系改善了许多。我变得更有耐心，也比较不会急躁处事。当政客一直要提供给我灵性成长的机会时，我发现自己也更能放松，不会让情绪随着他们的行为起舞。请不要误会，我仍然坚持着自己的信仰，但我已经能用更高层次的形式来表达我的立场。

我决定再来挑战一次二十一天不抱怨。这一次——除了不抱怨、不说闲话、不挖苦人之外，我将努力去除恐惧和缺乏安全感的思想。往后，我也许还是会自我防卫、有负面想法，但我会继续在思想与言行中，以诸位"不抱怨"成功者为效法的榜样。

对我而言，这个经验可以引用萧伯纳的话来总结："生命对我来说，不是一截短蜡烛，而是炫丽的火炬；我必须把握机会，让它燃烧得极尽灿烂，再传承给下一代。"成为一个不抱怨的人，我们等于提升了标准，为下一代树立新的典范。

不要用抱怨来解闷

——汤姆·欧益（"不抱怨的世界"业务顾问）

我是电视影集《我爱露西》的戏迷。我最喜欢的一段情节，就是看瑞奇·李卡多（Ricky Ricardo）每天走进门时，大喊："嗨，露西，我回来了。"我结婚头几年时，也会这样如法炮制："嗨，米思嘉，我回来了。"但曾几何时，我更常对妻子说的话，竟然已经变成："嗨，米思嘉，我回来了，而且我的头（或背、脚、胃）痛得要命。"

抱怨已经成为我的一种生活方式，我希望藉此得到他人的注意，让自己的观点被接受，或者就只是用来打开话匣子。我总以为自己是个积极、快乐的人，直到二〇〇六年七月的一个星期天，我从教会返家，告诉太太关于二十一天不抱怨的事。我非常兴奋，还跟她说，我将是教会中第一个完成挑战的人，她只是微笑着说："二十一天吗？——我倒想先看你做到二十一分钟不抱怨呢。"接下来，大约六分钟之后，我才发现这真是毕生一大挑战。当时我和太太坐在沙发上，接着我突然说："哇，外面真是热，害我头好痛。"她看着我，然后又看看我手上的手环（我换了两次，因为我在一句话里抱怨了两次！）。其实是那六分钟的沉默简直要让我抓狂，我必须打开话匣子，说点话来解闷。我想要得到注意，而且以为这样是最好的方法。

这就是我的第一次挑战——学习如何不带抱怨地展开对话。一旦我不抱怨这个了，我又会抱怨别的。抱怨孩子的房间一团乱——请问，这样能使青少年的房间更快变干净吗？抱怨天气——我能拿它怎么办？抱怨的项目愈来愈多，但抱怨的次数也同时愈来愈少，而我也了解到，这些思想和言语对自己与他人有多少负面的影响。

在花了五个月努力练习二十一天不抱怨之后，我终于做到了！我头痛的次数减少了吗？没错，因为我明白了自己的头痛原本就没有那么严重。现在我认为自己的身体健康硬朗，而且一直在疗愈之中。那我快乐吗？当然啰！当我不再抱怨孩子的房间脏乱，而是去分享他们的希望与梦想之后，我们全家的晚餐时光也变得更美好。不屈不挠地完成了二十一天不抱怨的挑战，你说我高不高兴呢？除了美满的婚姻和我深爱的三个孩子之外，这是我生命中最棒的收获了。

上帝啊，你真是幽默

——凯瑟琳·波姆（护士）

当我收到手环时，我很快就发现，要维持一整天不抱怨是非常困难的。周末还可以，但工作日就做不到了。即使我很热爱我的工作，但就像其他工作一样，我还是有组织与行政上的事务要处理。

五个月之后，我看到有人领取"快乐证书"，便真正下了决心。我请所有的同事一起协助我戒除抱怨，阻止我加入抱怨的讨论。大家都很配合，如果他们察觉到我即将参与负面的谈话时，我会拉一下紫手环，然后我们就一起改变话题。

两个礼拜过去了，一切似乎都很顺利。在度过特别难熬的一天后，我才发现应该请医生们也加入我的小小计划，因为有个医生实在让我很火大。隔天，所有护理人员都要开车穿过市区，帮忙把整间医院的医疗记录从旧电脑系统搬移到新的电脑系统，而且完全没有操作说明可参考。这是份苦差事，而我和两个同事终于做完之后，就一起去吃午饭，还抱怨了两个小时。 这顿午餐让我的二十一天挑战必须重新开始——又要重来了。我重新来过一次，坚持到了第二十天，当我准备要开始值班时，那个不喜欢我、当班时从不跟我说话的护士走了进来。然后是那个让我白忙活十四天的医师也出现了。只剩一天了，我却要当面对抗两项最艰难的挑战。我笑着说："上帝啊，你真是幽默，而我愿意接受这个挑战。"那一天，我不但没有抱怨，还变成工作表现最好的一天。

不抱怨的生活终于释放了我

——派崔西亚·普拉特（老师）

当我开始挑战二十一天不抱怨时，心想着："这很简单嘛！我很少抱怨——而且我是自己一个人住。"没想到我花了四个月，才完成这项任务！

我年轻的时候，曾经被父亲与叔叔性侵害，我藉着喝酒、嗑药与不健康的男女关系，来压抑被虐的伤痛。十八年前，我戒了毒瘾，开始努力疗愈心里的伤痛，然而我还是在低落的自我价值感与忧郁情绪中苦苦挣扎。我不知道要如何停止负面的想法。我试过自我肯定训练、心理治疗，也阅读自助书籍，还是徒劳无功。别人会告诉我："你就不要那样想啊。"但我实在不知道该怎么停止。而努力过着不抱怨的生活，才彻底释放了我！

刚刚开始练习不抱怨，我一天里就要换手环好多次，然后是两天换一次，接着我可以维持七天，再来大约是十四天。就在本地报纸登出一篇关于这项活动的报导时，我的挑战也陷入了胶着状态。我的几个学生告诉我，他们的父母在报上看到了我的名字，想要知道我为什么会参加。我于是和他们分享这篇文章，而他们也想试试看。当然啰，在二十五个四年级学生监督之下，我于是就继续挑战下去了。

在练习不抱怨的过程中，我所遭遇的困难之一，就是我会更去注意别人说了多少负面话语。我会感到生气、并且批判别人。有几次我都很想逃开，但这不是办法，也无法教会我解决问题。因此，我学着做个更好的倾听者，努力去理解别人话语背后要传达的讯息。

举例来说，当同事在抱怨他教的班级时，我不会与之附和、也不会沉默不语，而是提供类似这样的意见："听起来真是很让人沮丧。要是我遇上你这种状况，我想我会这样试试看。"而当我继续进行这项挑战，我发现自己的人际关系品质也有所提升了。

但至今我所得到最棒的礼物，就是不再有忧郁症了！每一天，我都享受着喜乐与满足，觉得平静而安详——这是我年轻时就一直祈求实现的愿望。当然，我的生命中还是有挫折，但我不再抱怨，我会为眼前的情境所赐予的礼物而感谢上帝。而自从我选择不再抱怨之后，我也想起了自己对爱的定义：无条件地接纳，并且着眼于光明面。

这些优胜者的感想，是否让你深感共鸣？听了他们的故事，你是否也想让自己的人生有类似的转化或改善？你也可以让这一切发生在你的现实人生中，只要你能有系统地根除猖獗蔓延的抱怨，让它远离你的生活。藉着一次又一次移动手环，直到成功为止，你就会真的成功。

·不·抱·怨·观·念·

■当我们抱怨时，就是在说："事情不太对劲。"当我们经常抱怨时，就是持续活在"事情不太对劲"的状态，因而增加了生活中的压力。

■如果你经常抱怨，那个按响警铃的人就是你自己。你是在藉由抱怨加重自己的压力；你在说着"事情不太对劲"，而你的身体也会随着压力出现相应的变化，因而危害健康。

■我们无法控制工作上及生活中的其他领域会发生什么，而抱怨也无济于事。当你愈少抱怨，就愈不会担心。放下过度的忧虑，也让人更能纯粹地放松自己。

■如果有些事需要纠正，无须克制压抑、闷在心里或保持沉默，只要确定你是在陈述事实，而不是让话语中隐含着"你竟敢这样对我？"等负面意义就好。

■多去注意好事，而不是只看到有什么应该抱怨，并且为自己拥有的福分所庆幸，生活中正面思考的雪球就会愈滚愈大，心情也愈来愈好。

■不抱怨运动，是按照吸引力法则来运行的。说话之前先想一想，在言语中表达出正面的意念和期许，同时积极去寻求解决方案，就能引发或招致更多类似的事物。

■在人们发泄怒气时保持沉默，等于让他们找不到听众，而能去省思自己的言论。一旦没有听众，他们也会发现自己更能心平气和地处理眼前的问题，同时继续向前迈进。

■虽然生命中还是有挫折，但请为眼前情境所赐予的礼物而感谢上帝，无条件地接纳，并且着眼于光明面。

【结语】

已立立人，已达达人

为了助人改正而告知别人的错误与缺点，不能与抱怨混为一谈。我们也不能为了防止抱怨，而容忍不良的品质与行为。告诉服务生：你的汤是冷的，需要加热——只要你专注于绝对中性的事实，就不会有自我中心的问题。"你竟敢把冷掉的汤端给我？"——这就是抱怨了。

——托利，《一个新世界》

摆脱以怨养怨的恶性循环

本书的最佳结论，就是一开头所引用的这句灵修导师托利的名言。向可以帮助你改善处境的人提出意见，就不是抱怨；但如果你是对着自己或其他无关之人，责难或悲叹当前的状况，那就是抱怨。而抱怨将会招引更多你不想面对的结果。

如果你因为一碗冷掉的汤，而用言语攻击一名服务生，他或许会帮你换碗热汤，但他也可能在愤怒之际，在你碗里放些你不想知道的东西。当一个人遭到抱怨或批评时，他会觉得受到攻击，而第一反应往往就是自我防卫，这样的防卫通常是以回击的形式表现出来。就算这种现象不会发生，在你的抱怨中，你也对世界传递出自己是受害者的讯息，而你这么做，也将会为自己招引来更多的加害者。

抱怨经常是一种让自己受到注意的方式。每一个人都想要被认可，但经常抱怨的人之所以想要引人注意，可能是因为他们的自我价值感低落。他们会向周遭的人抱怨，藉以显示自己有不凡的品味与教养，特别是他们对某个领域不太有自信之际。他们或许也会藉由抱怨，来合理化、具体化自我的设限，以逃避生命的拓展、成长与改进。

抱怨也许是想引起注意，但它也是一种讯息，在向宇宙宣告"有哪里不太对劲"，于是善意、中性的宇宙也会送给你更多的"不对劲"。当有人开始抱怨，他们等于是无意识地送出了要接收更多抱怨的指令，如此一来，负面循环便会永无休止。

要摆脱这种负面循环的方法，就是停止抱怨，在好事发生时表达感激。在每个人的生命里，都有许许多多的事可以感恩。为了提醒自己，我每天起床后会写下五件我所感恩的事。我发现除了想着自己感恩的事，如果把它们写下来，更会让我这一整天都沉浸在感恩的氛围中。

你讲了什么话，就会表露出什么模样。说些负面和不快乐的事，你就会接收到负面和不快乐的事。说一些感恩的事，则会为自己引来更多喜乐之事。你惯常的说话模式反映出你的思考方法，而这也造就了你一天的现实生活。不论你有没有察觉到，你每天都是按照自己所设计的路线在迈进。结果可能是喜悦，也可能是痛苦。

不要留给负面想法任何余地

小时候，母亲曾跟我说过一个面包师傅、陌生人和贪心店老板的故事，这是我最爱听的故事之一。在这个故事里，陌生人来到小镇寻找食物与过夜的住所。当他问起贪心的店老板与老板娘，是否愿意收留他这个旅人时，老板与老板娘便回绝了。

然后，陌生人走进了面包店。店里的面包师傅身无分文，连制作面包的材料也少得可怜。然而，他邀请陌生人进来，与他分享粗劣的食物，还让他当晚睡自己的床。第二天早晨，陌生人向面包师傅道谢，并对他说："今天早上你做的第一件事，你会一整天都做个不停。" 面包师傅不太明白陌生人的意思。不过，他决定为这位客人烤个蛋糕，让他带在身边。他检查一下所剩的材料，有两颗鸡蛋、一杯面粉，还有一些糖与香料。他开始烤蛋糕，但令他惊讶的是，当他用掉愈多材料，剩下的材料就愈变愈多。当他用掉最后两颗鸡蛋时，竟又多出了四颗鸡蛋。他翻转面粉袋，把剩下的面粉摇出来，倒满量杯，当他把面粉袋放回地上时，袋子里竟又装满了面粉。

遇到这么天大的好运，他快乐得不得了，于是开始烘烤各式各样的美味面包。很快地，镇上充满着烤面包、饼干、蛋糕与派的香味，购买面包的客人大排长龙。

当天下午，贪心的店老板来到店里，看到疲倦却开心、赚了许多钱的面包师傅。店老板问："你今天怎么会有这么多顾客？好像镇上的每个人今天都买了你的面包，还有人不只买了一次。"面包师傅便将陌生人的事，以及陌生人在早上给他的神奇祝福告诉了店老板。

贪心的店老板与老板娘冲出了面包店，往镇外跑去。他们跑着跑着，终于找到他们昨晚曾经拒绝帮助的陌生人。他们说：
"可敬的先生，请原谅我们昨晚的鲁莽。我们竟然没有帮助你，
一定是昏头了。请你回来我们家住一晚，让我们有这个荣幸能热
诚接待你。"陌生人一语不发，跟着他们回到了镇上。

他们回到店老板的家之后，陌生人享用了奢侈的餐食、上等
的美酒与精致的甜点，还睡在豪华的床上。次日早晨，陌生人即将
离去时，店老板和老板娘雀跃地等待着他的神奇祝福。当然啰，陌
生人对他们的接待表示感谢，然后说："今天早上你做的第一件
事，你会一整天都做个不停。"

店老板与老板娘急忙把陌生人送出门，然后冲进自己的店
里。因为相信会有大批顾客上门，老板于是拿起扫帚开始扫地，
好应对突发的排队人潮。为了确定有足够的零钱可以找钱，老板
娘则开始在柜台算钱。就这样，老板扫地，老板娘算钱；老板继
续扫地，老板娘继续算钱。他们发觉自己根本停不下来，一直到
太阳下山。

面包师傅和店老板都得到了相同的祝福。面包师傅以正面、
慷慨的心态开始一天的生活，也获得相当的富足。店老板以负
面、自私的想法开始一天的生活，结果毫无所获。祝福是中性

的，你创造生活的能力也是中性的，你打算怎么使用，就会获得相对应的成果。

请记得，若有人批评你、攻击你，那是因为他们恐惧、没有安全感。他们觉得自己处于弱势，因而用尖刻的话语来壮大自己，其实他们觉得自己弱小无比。他们将自己的恐惧与不安投射到他人身上；他们会伤害人，是因为他们自己也正在受伤。

如果我们想改善这个世界，首先就要疗愈灵魂中的失调状态。改变我们的言语，最终就能改变我们的思想；改变我们的思想，就能改变这个世界。当我们停止抱怨，就是移除了宣泄负面想法的首要通道，我们的心灵会发生转变，我们也会快乐许多。不让负面想法有任何表达的余地，我们的心灵就不会继续产生这种想法。

当你的嘴巴停止表达负面思想，你的心灵就会转而制造其他更快乐的念头。你的心灵就像是一座意念工厂，随时都在运作，若是负面的想法缺乏市场，工厂就会重建改组，开始生产快乐的念头。

不抱怨的磁场，将引来更多平安喜乐

我们的外在世界，就是自己内心世界的反射；我们与别人的关系，也源自于我们与自己的关系。你对别人不可能比对自己还好，一切都是从你自己开始。在《圣经·马太福音》七章三节中，耶稣说："为什么看见你弟兄眼中有刺，却不想自己眼中有梁木呢？"如果你在别人身上注意到一大堆可抱怨的事，你或许得反省自己，检查一下自己的眼中是否有梁木。

当你达成连续二十一天不抱怨的目标时，你便戒除了抱怨的瘾头，成为康复重生之人。戒酒者说，无论他们已经保持清醒多久，只要和酗酒的人泡上一段时间，就又会开始喝酒了。如果你身边的人都喜欢抱怨，那么你得扪心自问，这些人是不是被你招引来的。当你已经成为不抱怨的人，而他们还是继续抱怨，就让自己远离这些人。如果他们是你工作上的同事，就换部门或换工作吧——世界会支持你沿着积极的新道路前行。如果是朋友，你会明白自己对这段友谊的认知已经超越了从前。即便他们是你的家人，也最好要尽量限制这样的相处经验。

不要让消极的人们，剥夺了你对理想生活的追寻。培养一个习惯要花二十一天，你也可能花二十一天又重拾旧有的习惯；所以要注意你周遭的人们，因为你可能被影响而再受他们主导。好好照顾自己，同时要提防苦毒、爱抱怨的人。如果你不照顾好自己，就可能再度沉陷于负面思想的泥沼中。而且请记得，远离那些爱抱怨的人，或许也可以激励他们检视自己的生命、并获得成长。

帮助他人的最好方法，就是过着不抱怨的生活，成为不抱怨的榜样。当你开始身体力行，也要同时去爱身边的人们。我认为爱的最佳定义，是丹尼斯·威特利医师（Dr. Denis Waitley）所说的："爱是无条件的接纳，并着眼于光明面。"当我们决定接纳各种人事物，并从中发现其光明面时，我们会体验到越来越多的良善与美好，因为我们的关注，将使这样的期许在生活中实现。

这意味着我们不需要设法让其他人停止抱怨，相反地，我们要让自己变成不抱怨的人，同时向往着没有抱怨、也不见抱怨之人的美好生活。我们的磁场会吸引快乐、健康的人来接近我们，而非此族类的人们，在我们身边就会觉得不舒坦而离开。

用新的方式来使用旧的措辞，是不抱怨生活中的重要议题。当好事发生时，不论多么微不足道，你都要说："当然会这样！"因为你知道，自己是可以吸引好事靠近的磁石；你甚至可能带着会心的微笑来成就这个经验。你曾经在雨天的商店门口找到停车位吗？请说："我只是运气好！"你曾经忘记向停车计时器投币，结果回来之后，发现自己的车窗上竟没有夹着罚单吗？请确信："我总会碰上这种事。"如果有人为了什么当面抵抗你，你要说："谢谢你教导我慈悲。"刚开始这么做，你可能会觉得很蠢，但每当你在生活中使用肯定、有力的话语时，你就像是铺上一层层的砖瓦，为更多的喜乐与丰实奠定基础。

在你的世界发挥你的影响力

大家跟我说起不抱怨的紫手环时，都会用"风潮"这个词来称呼。肯·哈库塔（Ken Hakuta）在《如何自创风潮》（How to Create Your Own Fad）一书中，将流行定义为"今天每个人都想要、明天就没有人要的东西"。如果是这样，那紫手环也许是一股风潮。很显然地，从我们每天收到的上千封索取信来看，似乎每个人今天都想要紫手环。当大家问我，我觉得来函索取的数

量在何时将到达极限，我通常都会回答："一到六十亿就没办法
了。"——也就是全世界一人一个。事实上不可能有那么多的。
紫手环在未来可能会成为二十一世纪前十年里的一桩小小事件，
但变得"不抱怨"却不是风潮，而是人类意识形态的转变，这种
意识也会继续存在。精灵已经跃出了神灯，多亏了这个简单却深
刻的道理，让世界再也不复原本的面貌。

我们正与儿童心理学家合作，要为孩子们设计"不抱怨"的
学校课程。我们致力于打造不抱怨关系的典范、建立不抱怨的工
作场合、不抱怨的教会等。我们当前的目标则是要鼓励全球各国
的领袖，能将每年的某一天，定为"不抱怨日"——不是假日，
而是类似美国本地的"美国大戒烟日"（Great American Smoke-
Out），让大家体验一下，没有抱怨、批评和闲话的一天会是什
么感觉。美国和加拿大已经在推动，要将感恩节的前一天定为
"不抱怨日"，这个想法也很合情合理——在度过了没有抱怨的
一天之后，直接进入感恩的一天。抱怨的相反词就是感恩。

如果你被打动了，就请联络贵国的参议员、众议员、国会议
员、总统及其他领袖，然后大声疾呼，让这件事发生。让我们唤
起世人对这股转化力量的认知，让每个国家及其人民，能把不可

思议的集体能量，都聚焦于解决方案，而不是问题之上。

在拉里·麦克默特里（Larry McMurtry）所写的小说《寂寞之鸽》（The Lonesome Dove）中，有个主角是名叫葛斯·麦可瑞的假道学牛仔，他在自己租车行的招牌底下刻了一句拉丁文格言："Uva Uvam Vivendo Varia Fit."麦克默特里没有解释这句格言的意思，而且还把词拼错了——我想这是要显示牛仔对拉丁文的理解有限。正确的拼法是："Uva Uvam Videndo Varia Fit."而这句话的意思是：一棵葡萄树看见另一棵葡萄树变色，就会跟着变色。换句话说，也就是一棵葡萄树会让另一棵葡萄树也跟着成熟。

在葡萄园里，当一棵葡萄树开始成熟，便会散发出一种其他葡萄树也能接收到的振动频率、酵素、香气或能量场。这一棵葡萄树在向其他葡萄树示意：该是改变、该是成熟的时候了。当你在言语及思想上，都颂扬着自己和他人最崇高、最美好的一面，你只要表露原本的自我，就能向周遭所有人示意，该是改变的时候了。你甚至连试也不必试，就会唤起人们的意识。

曳引是一种强而有力的原则。我想这也是人类为什么喜欢彼此拥抱的原因。当我们拥抱时，即使只是短暂的刹那，我们的心也会互相曳引，我们会提醒自己：地球上只有一个生命，一个我们共享的生命。

如果我们不刻意去选择自己要过什么样的人生，就会跟着其他人的脚步浑沌度日。我们常跟着其他人随波逐流，却没有发现自己在依样画葫芦。我父亲年轻时经营我祖父的一家汽车旅馆，那家旅馆的对面是一家二手车行，而我爸爸设法和车行老板达成了一项协议。汽车旅馆晚上的生意若很冷清，我父亲就会去车行，把十几辆车移到旅馆的停车场。不用多久，汽车旅馆就会充满付费的旅客。经过汽车旅馆的人会推论，如果停车场空荡荡的，这家旅馆一定不太好；但要是停车场停满了车辆，经过的人就会觉得这是适合住宿的好地方。我们都会跟着别人走。而现在，你已经成为一个在领导世界走向和平、体谅和富足的人了。

昨晚大约凌晨三点，我被我们牧场上嚎叫的那群土狼叫醒。刚开始的嚎叫声是起自一只小狼，然后才扩散至整群土狼。很快地，我们的两只狗吉布森和玛奇克也加入了嚎叫的行列。不久，我们邻居的狗也开始嚎叫，最后嚎叫声从四面八方涌来，传遍山谷，附近的狗都加入了。那些土狼制造了正在扩散的涟漪。没一会儿，我又听见嚎叫声从几英里外的各处传来，而这一切皆始于一只小土狼。

你是个什么样的人，将在你的世界里造成影响力。以往，你的影响力可能都是负面的，因为你有抱怨的倾向。如今，你则在为所有人设立乐观的典范、打造更美好的世界。你是人性大洋中的一道涟漪，在世界上引发着回响。

你自己就是一种祝福。

请相信，
你自己就是一种祝福

○ 最近朋友分享了一本书，我很震撼，书名是《不抱怨的世界》。心理学家在研究人们的消极负面情绪时发现，我们所有负面情绪滋长的根源就来自抱怨，出现问题或过错，我们习惯性地先指责抱怨他人。而这本书最棒的地方在于，作者让我们通过一个紫手环在双手的互换，提醒我们自己的言谈举止中，有多少抱怨，就好像一个过滤器，过滤掉我们的烦恼。如同训练我们的肌肉一样训练我们的心思意念。

我们的思想意念就像空气，除非有意识地去觉察发现，否则会像阵风，瞬间即逝。可悲的是，我们大多数人每天都有十几次甚至几十次的抱怨，当我们抱怨时，其实是在不断强调我们不想要的人事物，最终这些糟粕会不停地涌向我们。这就是心灵世界的奇妙之处。

——赵丹

○ 当下最流行的事，叫做正面思考。今天看了一部电影，叫《巴黎爱情故事》，突然想起了这本《不抱怨的世界》。

"巴黎人就是这样，总是绷着脸，总是在抱怨，总是不满足。"何止巴黎人呢？全世界人都是这样吧！在过度奢华的世界里，心灵被物欲填满，开始了无止尽的追求！

不满足，是抱怨的开端。我们抱怨工作时间太长，薪水太少。我们抱怨人心不古，四周围都是骗局。殊不知，能够呼吸、能够走路、能够跳舞，就是一种幸福。戴上紫手环，给自己一个机会坚持下去。

用正念，赢得好运气。用不抱怨，累积正面的能量。用心，让自己快乐。

——黄昏星

○ "抱怨"是会传染的，会自己传染也会传染给别人！

相对的，"乐观"也是会传染的，一样会自身传染也会传染给别人！

那你想传染"抱怨"还是"乐观"，这只是一念之间，但要记得一件事，开开心心一天过二十四小时，抱怨烦恼也是要过二十四小时，那你想要怎样度过每一天呢？

——热带鱼

○ 正面的生命能量，有时是一种互动产生的结果，有时是坚持的产物，有时是如鹰上腾，向下俯看的格局。当你习惯时，抱怨已不知去向。

——赵百加

○ 挑战21天不抱怨，从戴上手环开始吧，察觉抱怨的当下就把手环换手，连续戴在同一手上21天，还可以申请快乐证书唷。

接触吸引力法则几个月了，我一直有障碍，无法停止害怕与烦恼，有时愈阻止自己想它们，涌现的状况就愈多。

抱怨不能解决问题，只会让问题持续在心底恒、久、远。

一直以来，我不断抱怨生活上的事情，甚至让朋友们认为我因为挑剔而懂得生活，于是，慢慢地，我看谁都不顺眼，许多事情与我的希望相反，甚至，把自己逼入困境。

或许，许多灾难不是我找来的，但跟我散发的频率有关。

一年前，我认为活着只在等死，因为我不敢自杀，而且悲观的人命比较短，于是我选择从灰暗面去看世界；果然，最不好受的是我。渐渐地，我尝试改变，让念力引领我至光明的方向。

我自己对吸引力的诠释是：起心动念、自在许愿。

不抱怨的世界教我们如何察觉到负向的起心动念，进而别让不希望的事物近身。

灵长类会哭喊尖叫，取得同伴间的安慰与同情，抱怨很可能就是从这种生物本能进化来的，只是有必要对这么多事情大张旗鼓地喧喊吗？抱怨都是不需要的。

思绪控制语言，语言造成行为，行为成就习惯，习惯决定命运。

从自己开始就好，我已经很久没有看新闻台了。对于嗜血的斗争我没兴趣，流行什么我也不在意；阅读书籍、故事、看电影、听音乐愈来愈容易感动自己。停止批评就能发现周遭事物的美好。

一起来发现生命的奇迹吧，时时感恩，就在天堂。

——Draq

○ 这本书的内容其实很简单：停止说抱怨、批评、讲闲话的习惯。我想大家都跟我一样觉得要达成这目标是不可能的，毕竟在这个社会上，我们聊天的内容可能百分之五十以上是在抱怨。

不论是在抱怨天气，抱怨考试太难，抱怨另一半，甚至连电视节目上也是以抱怨在当整集的话题。而其中一个人先提出的抱怨，总是会引起一场抱怨马拉松赛，最后整群人就开始再比较究竟是谁的际遇最值得可怜，然后弄得每个人脑子里都是这些不愉快的事。

当初想借这本书，是因为觉得周围的人抱怨声怎么这么多?! 而检视自己才发现：噢，原来我也一样在抱怨，甚至比起他们有过之而无不及。

作者说到，抱怨会带来不好的磁场，因为说出抱怨会将注意力集中在你所不喜欢的东西上，然后你会发现越来越多可以抱怨的东西，结果就变得越来越不快乐。

所以说，如果我们开始从当下练习，不说抱怨，不批评，不讲闲话，那么这个世界也许会变得越来越亲切，渐渐地看到的都是值得感激的、我们所喜欢的一切。

虽然说21天是个大工程，但是我当这是种锻炼毅力的好机会。

所以，有谁要加入吗？

我们一起来练习吧！

——Kenting

○ 在买这本书和戴紫手环的时候，我一直觉得我的脾气这么好，又是"好好先生"，又有信仰帮助我，怎么可能会抱怨呢？事实上答案并非如此，我太小看自己"自以为是"的坏习惯了，其实当我批评别人的时候就是一种抱怨。

这本书清楚说明，其实人有各式各样的抱怨：对身体疾病的抱怨、对无法克服的困难的抱怨、对政治现实层面的抱怨、对家人的抱怨、对配偶的抱怨、对子女的抱怨，太多太多抱怨了。从了解"别让自己的负面情绪毁灭冷静处理事情的能力",到有足够能力"完全看见事情的光明面,并且将抱怨冷处理",是一个非常辛苦的过程。在此我要分享我个人的亲身感受:①学习表达抱怨;②学会表达抱怨后,再学习中断自己的抱怨;③享受轻盈的心灵。戴不戴手环是其次,重点是我们要清楚知道"抱怨就像是口臭"这件事情,抱怨一定不会带来好的人际关系,反而可能是压垮人际关系的最后一根稻草。

——小宸

○ 这本书和其附送的手环非常有帮助,它教会我们舍弃抱怨和批评,在灾厄面前,要学会正向地思考。我和我的教友们,将"不抱怨"的运动,推广到各自的家庭和工作场所里。每当我们要开口抱怨时,都会先停下来想一想,可以说这项运动彻底改变了我们的命运,希望更多的人能从中受益。

——Kristie

○ 因为不愿意过着无聊的生活,所以度过了比多数年轻人更加无聊的青春。

因为不屑去了解一时的流行,认为现在发生的一切都是短暂的,所以有些高傲地活在自己的世界里,视而不见、充耳不闻。

因为不想庸碌乏味地活下去,所以害怕去工作,怕自己一辈子就被那些无趣的琐事给定住了。

一再逃避我眼中那些所谓无聊、乏味的科目,以为自己可以像从前一样,靠自己所擅长的那部分掩饰过去。我想,我之所以会如此恐惧,是因为在潜意识里知道,我终究要面对它们。

生活的确就是由这些乏味的、一再重复的、繁琐的柴米油盐所构成，只是我心里老是任性地不肯承认。

其实没有那么难的，我知道。其实也并不全是那么乏味的，我也清楚。我已经踏上了一条还算愉快的轨道，只要我打开心胸去接受那些过去我不愿面对的，人生就会更加开阔起来。

这本《不抱怨的世界》，是落榜后我送给自己的第二份礼物。

——"因为时间是无价的宝物"BLOG

○ 当初会买这本书主要是因为我觉得世上太多人在抱怨了，不抱怨的世界，会是什么样的呢？

这本书最大的收获就是解开我几年来的困惑：你不能让一个人改变。人们改变是因为他们自己想改变，而想要设法改变一个人，只会让他更固守现有的行为、不肯放弃，而你希望他们改变，你就是在抱怨。

我恍然大悟，原来抱怨还隐藏在希望改变别人的表象下，现在我不再为看到别人难过、伤心、痛苦而感到无能为力了，因为我无法改变其他人，只有他们才能解救自己。

而我也身体力行，戴上手环，做连续21天不抱怨的活动。换手、换手、再换手、我相信，在不久之后我就能完成这个"不抱怨"的计划。

——"人生就像雪球"BLOG

○ 选择抱怨＝把力量给了黑暗，静默而不抱怨会让世界开始转向，当能够正向地信任则让力量回到光。

以上三个句子，是我在演讲上推动"不抱怨"运动时心中的企图，演讲时，我的标题是：不抱怨让好运来，说的都是正向语言和正向念头所带来的正向影响。而我把正向与光等同在一起，当我们越正向，光就越多。

威尔·鲍温许愿一个不抱怨的世界，人们在世界里尊重互爱；我则许愿一个光与爱的世界，在这里，我们与创造者合一。逐渐地，我的生活开始心想事成。当我呐喊痛苦时，我曾经即时被敲到头，肿了个大包，两三天才好；当我想要一本书却无从购买时，我曾经收到全书的电子档，印下来，就成了一本书；当我渴求一杯好咖啡时，真的就有人马上送上。

也许，我忽略了那些尚未成真的语言或许愿，也许，偏爱神奇的我，特地记住这些神奇的例子，而忘了其他不神奇的时刻，但宇宙也许真如我的描述，就是如此神奇呢。若你喜欢，去找一个橡皮手环，然后开始加入不抱怨运动吧。

据说，只要连续21天不换手，你就养成了不抱怨的新习惯。若不小心在第19天抱怨一回，也要从第1天重新算起！威尔·鲍温说，平均要4~8个月，才会成功。还有，千万不要自己没做，而强迫他人做。也不要自己手上没手环，而拼命提醒身边有手环的人换手。

若你手上有手环，你提醒别人换手前，你自己也要换手，因为你正在抱怨他的抱怨。这不是一个用道德纪律来掌控他人的方法，这是一个真心的许诺，许诺一个美好的世界，尊重、爱、正向、希望……也就是一个光的世界。

——理书

—The End—